Simple Endzeit

Matthäus 24

Simple Endzeit

Matthäus 24

Mark Manley

Bibliografische Information der Deutschen
Nationalbibliothek:
Die Deutsche Nationalbibliothek verzeichnet diese
Publikation in der Deutschen Nationalbibliografie;
detaillierte bibliografische Daten sind im Internet über
http://dnb.dnb.de abrufbar.

Lektorat: Waltraud Itschner,
wipress Journalisten-Partnerschaft

Herstellung und Verlag: BoD – Books on Demand,
Norderstedt

ISBN: 978-3-7526-1006-2

INHALTSVERZEICHNIS

Vorwort

Wie sehr viele Christen in der heutigen Zeit bin ich mit dem Bild einer schrecklichen Zukunft groß geworden. Man hatte mir gesagt, dass wir Christen weltweit verfolgt werden würden, dass der Antichrist, ein Weltherrscher der „Krieg gegen Gott führen wird", auf die Erde käme und alles ins Chaos stürzen würde. Überall schrie man „Wir sind in der Endzeit!" und „Jesus kommt jeden Moment wieder!"

Als Teenager habe ich eifrig auf die Rückkehr Jesu, des Retters, gewartet. Er würde alle Christen von der Erde nehmen und uns aus der dystopischen, dunklen Zeit unter dem Antichristen erretten. Ich wollte unter keinen Umständen dieser schrecklichen Zeit ausgesetzt sein, und die Perspektive einer nicht zu ändernden Zukunft hat mein Leben stark beeinflusst. Ich fragte mich, aus welchem Grund ich noch eine Ausbildung anfangen solle, Jesus käme doch eh bald wieder. Damit wären alle Mühen umsonst und jegliche Arbeit zunichtegemacht. Kinder würde ich gar nicht mehr bekommen können, da die Zeit bis Jesu Rückkehr zu knapp wäre. Und selbst wenn die Zeit ausreichen würde, könnte ich verantworten, meine Kinder einer solchen Zeit auszusetzen?

Jede Katastrophe, von der in den Medien berichtet wurde, gab den Christen neuen Anlass, Jesu Endzeitrede zu zitieren. Immer wieder entbrannte in mir die Angst vor der Zukunft und die Sehnsucht nach Jesu Rückkehr. Evangelisation? Missionieren, um den Menschen die Liebe Gottes näherzubringen? Auf diesen Themen lag kein Fokus. Der kommende Abgrund, eine neue Weltordnung, ein Weltherrscher, der das Ende der Welt, wie ich sie kannte, herbeirufen würde: Auf diesen Themen lag der Fokus. Immer wieder nahm die Angst mein Herz völlig ein. Ich konnte mir auch nicht vorstellen, wie die Perspektive eines so schrecklichen Untergangs irgendjemanden ermutigen sollte, den christlichen Glauben anzunehmen, was mich wiederum entmutigte zu evangelisieren.

Ihr seht, wie stark ich durch diese Sichtweise beeinträchtigt war, und ich bin bei Weitem nicht der Einzige. Allein in meinem Umfeld gibt es einige Menschen, die ganz Ähnliches durchgemacht haben und noch immer durchmachen. Freunde erzählten mir, wie oft sie als Kinder Angst hatten, Jesus könne sie zurücklassen. Jedes Mal, wenn ihre Eltern vom Abendgottesdienst etwas verspätet nach Hause kamen, entbrannte die Angst in ihnen, Jesus wäre gekommen und habe ihre Eltern weggenommen. Dann wären sie ohne Schutz Folter und Qualen ausgesetzt in der grausamen Zeit, die laut den Christen ihres Umfeldes kurz bevorstand. Frauen erzählen, wie sie sich jahrelang fragten, ob sie überhaupt Kinder bekommen sollten. Schließlich sagt Jesus, dass es für Schwangere und stillende Mütter besonders schwer wird während der Endzeit. Seit Jahrzehnten steht die Endzeit nun laut einer Vielzahl von bekannten Predigern „kurz bevor", und damit auch weltweite Christenverfolgung, Qualen, Schrecken und Naturkatastrophen. Auch heutzutage ist diese Angst noch sehr präsent in vielen Christen, und einige Prediger, die sich auf das Thema Endzeit spezialisiert haben, wie Gary Demar, bekommen fast täglich Fragen wie: „Warum soll ich eine Familie oder ein Unternehmen gründen, mich weiterbilden oder die Welt verändern, wenn der Antichrist all dies doch eh zunichtemacht?"

Als man mir eine andere Perspektive als die mir bekannte aufzeigte, schüttelte ich zuerst den Kopf. Diese Art, die Bibel zu lesen, schien sinnvoller und sie hielt sich direkt an den Text, ohne etwas hineinzuinterpretieren, was dazu führte, dass viele Bibelverse erklärt wurden, die für mich nie einen Sinn ergaben.

Trotzdem blieb ich vorerst bei meiner Meinung. Ich hielt fest an dem, was ich definitiv wusste: Der Antichrist würde kommen, er würde die Menschheit in die Sünde verführen und die Christen verfolgen, foltern und töten. Schließlich würde Jesus uns mit der Entrückung aus der Welt nehmen müssen. Nach einiger Zeit übermannte mich die Neugierde und ich öffnete mich doch etwas für diese neue Perspektive. Schließlich wollte ich wissen, wie diese neue Perspektive all die anderen Bibelstellen erklärt. Was ich fand und später selbst nachforschte, veränderte meine Sichtweise – und zwar nicht nur auf das Thema Endzeit, sondern auf eine Vielzahl weiterer Themen. Inzwischen verstehe ich Gott viel besser und ich fühle mich, als sei Licht ins Dunkel gebracht worden.

Einleitung

Heutzutage gibt es eine Vielzahl an grundlegend verschiedenen Interpretationen der Endzeit. Nicht jeder hat Zeit und Lust, 300 Seiten komplexer Theorien zu diesem Thema zu lesen, geschweige denn, sich mit jeder Theorie der Endzeit zu befassen. Dieses Buch wurde geschrieben, um Klarheit darüber zu schaffen, was Jesus in seiner Endzeitrede in Matthäus 24 wirklich sagte und was er nicht sagte. Aus diesem Grund beinhaltet dieses Buch nur die wichtigsten Kernaussagen Jesu und die Erläuterungen sind kurz, knackig und transparent gestaltet.

Mit ein und demselben Fundament – der Bibel – sollte es unmöglich erscheinen, grundlegend verschiedene Ansichten zu einem Kernthema des Wortes Gottes zu haben. Doch durch die unterschiedlichen Herangehensweisen bei der Interpretation der Bibel und durch überlieferte Theorien, die in den Text hineingelesen werden, kann aus den Zeilen der Bibel alles gemacht werden.

Zur richtigen Interpretation der Bibel gehören einige wichtige Regeln: Um die Bibel wirklich zu verstehen, müssen wir uns zum Beispiel in die Köpfe der damaligen Menschen versetzen. Die Lebensumstände und die Kultur waren komplett verschieden von den heutigen. Jesus und die Apostel haben zu den Menschen ihrer eigenen Zeit gesprochen und ebenso ihre eigene Sprache samt deren eigentümlichen Redewendungen verwendet. Es ist nur natürlich, dass wir fast 2000 Jahre später vieles der damaligen Kultur nicht mehr verstehen oder nachvollziehen können. Interpretieren wir die Schriften damaliger Menschen durch ein heutiges Verständnis und Weltbild, ist es offensichtlich, dass Missverständnisse unumgänglich sind. Eines der Ziele dieses Buches ist es, die Aussagen der Bibel durch die Augen der ersten Hörer und Leser zu sehen, weswegen wir uns einige Zitate damaliger Historiker ansehen.

Die meistzitierte Person in diesem Werk möchte ich euch nun kurz vorstellen:

Flavius Josephus

Josephus war ein römisch-jüdischer Historiker, der vom Jahr 37 bis etwa zum Jahr 100 lebte. Eine Zeit lang diente er als Militärkommandeur in Galiläa und bekämpfte das Römische Reich, wurde jedoch im Jahr 67 von römischen Truppen gefangen genommen. Josephus fand Gunst in den Augen des herrschenden Caesars und diente als Mittler zwischen den Römern und den rebellierenden Juden. In den folgenden Jahrzehnten schrieb Josephus seine bekanntesten Werke. Sein Buch „Die Geschichte des jüdischen Krieges" beschreibt im Detail den Aufstand der Juden gegen die Römer vom Jahr 66 bis 73 sowie vorangegangene Ereignisse. Dieses und weitere Werke von Josephus gelten als die wichtigsten Quellen zum Verlauf des damaligen jüdischen Krieges. Weiterhin berichtet Josephus von neutestamentlichen Geschehnissen, und seine Werke zeigen viele Parallelen zu biblischen Ereignissen auf. Seine Bücher liefern einen Augenzeugenbericht der damaligen Ereignisse, der Kultur und der Lebensweise der Menschen. Dies sind wichtige Faktoren, wenn wir die Bibel in ihrer Tiefe verstehen wollen.

Verstehen wir die Worte der Bibel im Kontext ihrer damaligen Kultur, sind wir schon ein ganzes Stück weiter in Bezug auf korrekte Interpretation. Natürlich gibt es weitere Punkte, die zu beachten sind. Ein wichtiger Punkt ist Übersetzung. Die Bibeltexte wurden im Original nicht auf Deutsch verfasst, sondern wurden aus den original verwendeten Sprachen übersetzt.

Einerseits ist es verständlich, dass es keine perfekte Übersetzung geben kann, andererseits sind viele unserer Übersetzungen stark fehlerhaft und führen zu Verwirrungen. Aus diesem Grund stammen die genannten Bibelzitate in diesem Buch nicht aus ein und derselben Übersetzung. Je nach Genauigkeit wurde für jeden Vers eine andere Übersetzung benutzt, oder die Verse wurden bestmöglich wörtlich aus dem Urtext übersetzt.

Ein weiterer offensichtlicher Punkt, der bei der Interpretation der Bibel zu beachten ist, ist dieser: Was sagt der Text? Als Christen halten wir uns an die Bibel und nicht an etwas anderes. Die Worte der Bibel sind unser Fundament, wir halten uns an diese, ohne etwas wegzunehmen oder hinzuzufügen. Um es mit Paulus' Worten zu sagen „Geht nicht über das hinaus, was in der Heiligen Schrift steht" (1. Korinther 4:6).

So offensichtlich dies sein mag, so wenig wird dies beachtet. In den folgenden Kapiteln wird deutlich, wie viel wir in den Text hineinlesen, wie viele überlieferte Ansichten wir für wahr halten, obwohl der Text völlig anderes sagt, und es wird deutlich, wie viel vom Text wir nicht beachten, da es nicht in unseren bisherigen Glauben passt.

Natürlich sind weitere Punkte für eine korrekte Interpretation wichtig, jedoch gehen wir nicht weiter auf diese Punkte ein. Alles, worum ich bitte, ist ein offenes Herz für den Heiligen Geist, er wird euch zeigen, was gut und richtig ist.

Futurismus

Futurismus ist die Endzeitanschauung, oder, um den Fachbegriff zu verwenden, Eschatologie, die ich jahrelang vertrat. Aber was bedeutet Futurismus eigentlich? Futurismus bedeutet grob gesagt, dass man der Meinung ist, ein Ereignis wird in der Zukunft stattfinden. Die Juden glauben, dass der Messias in der Zukunft erscheinen wird. Dementsprechend sind sie in diesem Bezug Futuristen. Beziehen wir den Begriff Futurismus nun auf die Endzeit, finden wir rasch eine Gruppe Menschen, die die Erfüllungen vieler Prophezeiungen bezüglich der Endzeit in unserer Zukunft sieht. Natürlich gibt es innerhalb des Futurismus Meinungen, Auffassungen und Interpretationen, die sich voneinander unterscheiden. In diesem Buch beschreibe ich daher nur die am weitesten verbreitete Sichtweise.

Futuristen glauben, dass eine schreckliche Leidenszeit, auch Drangsal, Trübsal oder Bedrängnis genannt, vor uns liegt. Christen werden verfolgt, gehasst und getötet werden. Der jüdische Tempel wird neu errichtet werden, es wird ein Weltherrscher kommen, genannt Antichrist, der einen Bund mit den Juden schließen, sie jedoch nach dreieinhalb Jahren betrügen, den neu gebauten Tempel zerstören und die Hölle auf die Erde loslassen wird. Diese Zeit wird so grausam und von Naturkatastrophen geplagt sein, dass Jesus wiederkommen und alle Christen von der Erde nehmen wird. Der Rest der Menschheit leidet weiter. Nachdem Jesus uns von der Erde genommen haben wird, vergeht noch einige Zeit, bevor die Erde vollständig zerstört wird. Um diese Sichtweise zu begründen, werden verschiedene Verse der Bibel aus ihrem Kontext gerissen und gemischt und andere Dinge in den Text hineininterpretiert, die nirgends in der Bibel zu finden sind.

Zum Beispiel heißt es in Daniel 9, dass die Juden ab einem bestimmten Zeitpunkt 490 Jahre Zeit hätten, verschiedene Dinge zu tun. Nach 483 Jahren würde der Messias, welcher sofort als Fürst identifiziert wird, den Juden erscheinen. Die Prophezeiung spricht dann von den sieben weiteren Jahren, die gemäß dem Text direkt zu den 483 Jahren gehören. In diesen sieben Jahren wird der Fürst verschiedene Dinge tun. Futuristen sagen, dass der Fürst in den letzten sieben Jahren nicht mehr der Messias ist, sondern, dass es sich hierbei um den Antichristen handelt. Außerdem nehmen sie die letzten sieben Jahre der Prophezeiung, schneiden sie von den restlichen Jahren ab und schieben sie in einen unbekannten Zeitraum unserer Zukunft. Der Text spricht jedoch nicht von einer Lücke zwischen den ersten 483 Jahren und den letzten sieben Jahren. Außerdem wird deutlich gesagt, dass der Fürst der Messias ist, und mit keinem Wort wird auch nur angedeutet, dass es plötzlich um einen neuen Charakter geht.

Futuristen glauben auch, dass der Antichrist zum Weltherrscher wird, jedoch findet man keine solche Aussage, wenn man sich alle Verse mit dem Wort Antichrist ansieht. Dieser Weltherrscher soll dann die Trübsalszeit auslösen, von der Jesus in Matthäus 24 spricht. Jesus spricht jedoch mit keinem Wort vom Antichristen und redet auch nicht von einem kommenden Weltherrscher. Zudem glauben Futuristen, dass ein weiterer jüdischer Tempel gebaut werden muss, damit dieser zerstört werden kann, damit sich die Worte aus Matthäus 24 erfüllen. Die Bibel spricht jedoch nirgends von einem weiteren jüdischen Tempel, und die Worte aus Matthäus 24 wurden im Jahr 70 nach Christus mit der Zerstörung des damaligen Tempels erfüllt.

Jahrelang habe ich dies alles für wahr gehalten, obwohl vieles für mich keinen Sinn gemacht hat. Wieso wird geglaubt, der Antichrist werde zum Weltherrscher, wenn die Bibel dies gar nicht sagt? Aus welchem Grund wird geglaubt, der Antichrist löse die Trübsal aus Matthäus 24 aus, wenn dies mit keinem Wort erwähnt wird? Aus welchem Grund erwartet man den Bau eines weiteren Tempels, wenn Jesus eindeutig von dem damaligen Tempel sprach und die Bibel keinen weiteren jüdischen Tempel voraussagt?

Viele dieser merkwürdigen Einzelheiten und eine Menge weiterer beliebter „Wahrheiten" wurden mit Erscheinen der Scofield-Bibel, der ersten Bibel mit Kommentaren des Autors Cyrus Scofield, ab dem Jahr 1909 weit verbreitet. In Amerika war es Standard, eine Scofield-Bibel zu besitzen. Leider hielten viele die Autorenkommentare für gleichwertig mit dem Wort Gottes.

Trotz der Fragen, die ich hatte, hielt ich fest an den futuristischen Ansichten, bis ich mich eingehend mit den verschiedenen Perspektiven der Endzeit auseinandergesetzt hatte. Auf Charaktere wie den des Antichristen werden wir in diesem Buch nicht eingehen, sondern uns an das Kapitel Matthäus 24 halten, da diese Lehre fundamental für den Rest der Endzeitlehre ist.

Präterismus

Präterismus ist die Endzeitanschauung, oder um den Fachbegriff zu verwenden, Eschatologie, die mir völlig neu war. Aber was bedeutet Präterismus eigentlich? Präterismus bedeutet grob gesagt, dass man der Meinung ist, ein Ereignis hat bereits in der Vergangenheit stattgefunden. Die Christen glauben, dass der Messias in der Vergangenheit erschienen ist. Dementsprechend sind sie in diesem Bezug Präteristen. Beziehen wir den Begriff Präterismus nun auf die Endzeit, finden wir rasch eine Gruppe Menschen, die die Erfüllungen vieler Prophezeiungen bezüglich der Endzeit in unserer Vergangenheit sieht. Natürlich gibt es innerhalb des Präterismus Meinungen, Auffassungen und Interpretationen, die sich voneinander unterscheiden. In diesem Buch beschreibe ich daher nur die am weitesten verbreitete Sichtweise.

Präteristen glauben, dass eine schreckliche Leidenszeit, auch Drangsal, Trübsal oder Bedrängnis genannt, in unserer Vergangenheit liegt. Spezifisch sehen sie diese Zeit in den 40 Jahren zwischen Jesu Tod und der Zerstörung des jüdischen Tempels. Christen wurden verfolgt, gehasst und getötet. Hungersnöte und Seuchen plagten Israel und das gesamte Römische Reich, und Kriege herrschten überall. Es war eine grausame Zeit, die historisch gut belegt ist. Im Gegensatz zu Futuristen schließen die Präteristen aus den Worten der Bibel nicht auf einen kommenden bösen Weltherrscher. Zu den Hauptargumenten des Präterismus gehören die Zeitangaben innerhalb der Bibel, welche eine Erfüllung der meisten neutestamentlichen Prophezeiungen ins erste Jahrhundert setzen. Es gibt über 100 Zeitangaben allein innerhalb des Neuen Testamentes, auf denen die Sichtweise der Präteristen basiert.

Wer sich etwas mit der jüdischen Geschichte auskennt, sieht schnell, dass die prophezeiten Ereignisse aus Matthäus 24 tatsächlich im ersten Jahrhundert geschehen und historisch gut belegt sind. Da Futuristen und Präteristen sich einig sind, was die jüdische Geschichte angeht, hängt ihre jeweilige Ansicht über die Endzeit daran, ob sie die damaligen Ereignisse als Erfüllung der Worte Jesu betrachten oder nicht. Als ich mich eingehend mit den verschiedenen Perspektiven der Endzeit auseinandergesetzt hatte, wurde mir so einiges klar. Um die Bibel wirklich zu verstehen, musste ich meine Meinung beiseiteschieben und die Bibel für sich sprechen lassen, ohne meine Sichtweise in den Text hineinzulesen. Sobald ich anfing, dies zu tun, öffnete sich Gottes Wort und vieles wurde verständlich für mich.

In der folgenden Grafik seht ihr zwei Zeitlinien. Die obere repräsentiert den Futurismus, die untere den Präterismus.

Die Grafik zeigt die Ereignisse, von denen ihr gerade gelesen habt. Als wichtigster Unterschied ist hier ersichtlich, dass der Präterismus die Trübsal zwischen die Jahre 30 und 70 setzt, während der Futurismus die Trübsal in die unbekannte Zukunft schiebt.

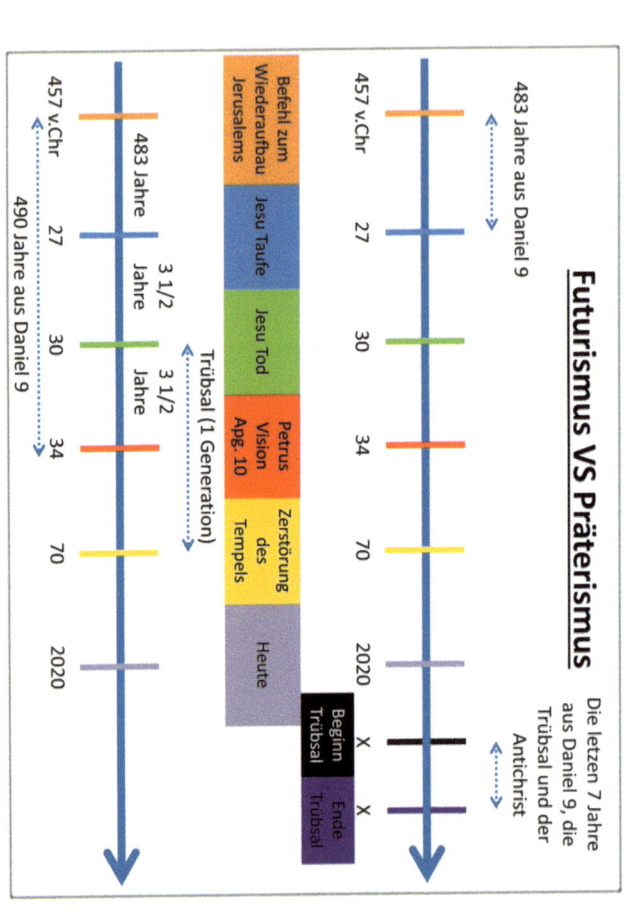

Futurismus VS Präterismus

Die letzten 7 Jahre aus Daniel 9, die Trübsal und der Antichrist

483 Jahre aus Daniel 9

457 v.Chr	Befehl zum Wiederaufbau Jerusalems
27	Jesu Taufe
30	Jesu Tod
34	Petrus Vision Apg. 10
70	Zerstörung des Tempels
2020	Heute
X	Beginn Trübsal
X	Ende Trübsal

490 Jahre aus Daniel 9

457 v.Chr — 483 Jahre — 27 — 3 1/2 Jahre — 30 — 3 1/2 Jahre — 34 — 70 — 2020

Trübsal (1 Generation)

Der Kontext von Jesu Endzeitrede

- „Ihr werdet von Kriegen und Kriegsgeschreien hören!"
- „Das Evangelium wird in der ganzen Welt verkündet und dann kommt das Ende!"
- „Wäre diese Leidenszeit nicht verkürzt, so würde niemand überleben."
- „Die Sonne wird sich verfinstern, der Mond nicht scheinen und die Sterne werden vom Himmel fallen"
- „Der Menschensohn kommt auf den Wolken"

Jeder kennt sie und viele können sogar Teile daraus zitieren. Eine der berühmtesten Reden Jesu – die Endzeitrede. Wir werden uns die prägnantesten Verse dieser Rede einzeln ansehen, sie in der kulturellen und biblischen Kontext setzen, prüfen, ob wir in der Bibel Erklärungen finden und uns Aussagen damaliger Historiker dazu ansehen.

Die Bibel wurde selbstverständlich von den damaligen Menschen in ihrer eigenen Sprache verfasst. Das bedeutet: Die Symbolik, Sprichwörter und Kultur, mit denen man damals vertraut war, sind in der Bibel enthalten und essenziell wichtig zum Verständnis. Sollte jemand in tausend Jahren den Ausdruck hören „Da wird doch der Hund in der Pfanne verrückt", so wird er bestimmt genauso wenig wissen, was damit gemeint ist, wie wir heutzutage nicht automatisch verstehen, warum Jesus sein Kopftuch gefaltet im Grab zurückließ. Kurz gefasst bedeutete dieses Zeichen im Judentum: „Ich bin gleich wieder da." Und wie wir wissen, ist Jesus kurz nach seiner Auferstehung seinen Jüngern erschienen. Für die damaligen Juden war dies ein selbsterklärendes Zeichen. Wir aber können heutzutage ohne Hintergrundwissen damit nichts anfangen. Solche Symbolik wird in diesem Buch einfach beschrieben und erklärt, damit wir Jesu Worte so verstehen, wie sie die ersten Jünger verstanden.

Sehen wir uns zuerst den Kontext von Jesu Endzeitrede an: Matthäus 23. Die Vers-Zahlen stehen in Klammern neben den Aussagen.

Jesus ist mit seinen Jüngern im Tempel und redet zu der Volksmenge (Vers 1).
Er sagt den Menschen, sie sollen tun, was die Schriftgelehrten und Pharisäer sagen, jedoch sollen sie nicht tun, was diese tun (Vers 3).

Wie ihr gleich seht, macht Jesus die Schriftgelehrten und Pharisäer in dem gesamten Kapitel nieder. Wir sehen dies als radikal an, für die Juden damals war es jedoch ein weitaus erschreckenderes Ereignis. Die Schriftgelehrten und Pharisäer waren mehr als nur hoch angesehene Leute, sie wurden fast wie Heilige angesehen und verehrt. Stellt euch die Person vor, die für euch am ehrbarsten ist. Die Person, die immer alles zu wissen scheint und Vorbild ist. Jetzt kommt jemand daher und beschimpft diese Person mit jedem erdenklichen Schimpfwort. In dieser Position befanden sich die Jünger Jesu.

Jesus sagt:

„Sie tun nicht was sie predigen" (Vers 3).
„Wehe euch, ihr Schriftgelehrten und Pharisäer! Ihr Heuchler!" (Vers 13, 15, 23, 25, 27 und 29).
„Ihr seid Kinder der Hölle" (Vers 15).
„Ihr blinden Narren" oder „Blindenführer" (Vers 16, 17, 19, 24 und 26).
„Von innen seid ihr voll von Heuchelei und Gesetzlosigkeit!" (Vers 28).
„Ihr Schlangen! Ihr Schlangenbrut!" (Vers 33).
„Auf euch wird alles gerechte Blut kommen, welches auf der Erde vergossen wurde!" (Vers 35).

„Wahrlich, ich sage auch, all dies wird dieser Generation widerfahren!" (Vers 36).

Zum krönenden Abschluss sagt Jesus ihnen dann noch:

„Euer Tempel wird von Gott verlassen sein und völlig zerstört werden" (Vers 38).

Versetzt euch in das damalige jüdische Leben. Alles drehte sich um den Tempel, um das Gesetz und um die Schriftgelehrten. Es gab keinen Aspekt ihres Lebens, der hiervon nicht beeinflusst wurde. Ein Vergleich wäre heutzutage eventuell das Internet. Stellt euch vor, jemand, auf den ihr eure ganze Hoffnung setzt, sagt plötzlich: „Das ganze Internet wird zerstört!". „Der spinnt!", wäre sicher euer erster Gedanke. Ähnlich war es für die Jünger. Wie kann Jesus sagen, dass der Tempel zerstört wird? Er war ihre Verbindung zu Gott! Der Tempel war die eine Sache, die sie von all den anderen Völkern auf der Welt unterschied. In Matthäus 24 sehen wir jetzt, wie die Jünger auf all dies reagieren. Jesus verließ den Tempel, und schon kamen die Jünger und wollten ihm die Ausmaße des Tempels zeigen (Matthäus 24:1). Wie wir sehen, reagieren die Jünger mit Entsetzen. Sie zeigen Jesus den Tempel, als ob sie sagen wollten: „Jesus, guck dir den Tempel an. Er ist riesig, viele Teile von ihm sind mit Gold verziert und er ist das Zentrum unseres Lebens! Wie kannst du sagen er wird zerstört?" Sofort bestätigt Jesus aber seine vorherige Aussage mit „Seht ihr nicht dies alles? Wahrlich, ich sage euch: Hier wird kein Stein auf dem anderen bleiben!" (Vers 2).
Später auf dem Ölberg kamen die Jünger zu ihm und fragten, wann das alles geschehen werde, was das Zeichen seiner Wiederkunft und des Endes des Zeitalters sein werde (Vers 3).

Als ich noch die Sichtweise des Futurismus vertrat, hat mein Kopf hier automatisch einen Strich gezogen. Matthäus 24 hatte nichts mehr mit Matthäus 23 zu tun. Jesus redete zwar über die Zerstörung des Tempels in Kapitel 23, aber in Kapitel 24 ging es ja um etwas anderes. Nicht gerade hilfreich war, dass viele Übersetzungen hier schreiben „Ende der Welt" anstatt „Ende des Zeitalters", was natürlich zu einer komplett anderen Ansicht führt. Hierzu aber gleich mehr. Aus rein logischer Sicht ergibt es keinen Sinn, hier einen Strich zu ziehen, da die Jünger ihre Fragen auf Jesu Aussagen aus Kapitel 23 beziehen. Jesus prophezeit die Zerstörung des Tempels, die Jünger fragen ihn, wie und wann dies passieren wird, Jesus antwortet, und plötzlich geht es um etwas ganz anderes? Ohne dass Jesus auch nur darauf hinweist? Natürlich ist dies völlig unlogisch und inzwischen habe ich gelernt, die Kapitelzahlen nicht zu beachten, um solche Gedankenfehler zu vermeiden.

Die Jünger fragen Jesus nun also in Bezug auf das, was er in Kapitel 23 sagte. Die direkte Verbindung ist da.

Das Ende von was?

Wir benutzen den Begriff Endzeit im normalen Sprachgebrauch, viele Christen sind sich aber nicht sicher, um welches Ende es sich handelt. Einige geben vorsichtig die Worte „das Ende der Welt" von sich, können häufig jedoch keine Bibelstelle nennen und es wird klar, dass diese Sichtweise einfach übernommen wurde ohne jegliche Prüfung. Wie bereits aufgezeigt, lesen wir in einigen Übersetzungen, dass die Jünger Jesus fragen, was das Zeichen des Endes der Welt sein werde. Aus dieser Fehlübersetzung stammt die Vorstellung, Jesus spräche in diesem Kapitel von der Zerstörung der Erde. Nehmen wir jedoch eine wörtliche Bibelübersetzung in die Hand oder schauen wir direkt in den griechischen Urtext, stellen wir schnell fest, dass das Wort Zeitalter hier anstatt Welt stehen müsste. Die Jünger fragen also nach dem Ende des Zeitalters. Aber welches Zeitalter ist gemeint?

Das Neue Testament ist voll mit Aussagen über das Ende des Zeitalters des Alten Bundes und voll mit Aussagen über den Anbruch des neuen, kommenden Zeitalters des Neuen Bundes. Das Ende des Alten Bundes und seines Zeitalters steht in direkter Verbindung mit dem Gericht Gottes über Israel, worauf wir später näher eingehen.

Der Alte Bund war der Bund, den Mose auf dem Berg Sinai mit Gott schloss. Durch ihn waren die Juden an Opfergaben und über 600 Gesetze gebunden. Durch Jesu Tod stehen wir nun jedoch nicht länger unter dem Gesetz oder dem Alten Bund, sondern sind im Neuen Bund. Immer und immer wieder lesen wir im Neuen Testament, wie die Apostel dazu ermahnen, sich unter keinen Umständen wieder dem Alten zu unterwerfen und ankündigen, dass das Alte bald nicht mehr sein wird.

Hier nur ein paar Verse die über die Zeitalter und das damals kurz bevorstehende Gericht über Israel sprechen:

Matthäus 3:7: „... Wer hat euch auf den Gedanken gebracht, ihr könntet dem sehr bald kommenden Gericht Gottes entrinnen?"

Matthäus 12:32: „... weder jetzt noch in dem bald anbrechenden Zeitalter."

Apostelgeschichte 24:25: „Aber als Paulus dann auch noch von einem Leben sprach, das Gott gefällt, von Selbstbeherrschung und dem bald anstehenden Gericht Gottes ..."

Epheser 1:21: „... nicht nur in diesem Zeitalter, sondern auch in dem kurz bevorstehenden."

1. Korinther 10:11: „... wurden geschrieben für uns, auf welche das Ende der Zeitalter gekommen ist."

1. Petrus 4:17: „Denn jetzt ist die Zeit gekommen, in der Gott Gericht hält. ..."

Hebräer 2:5: „Über das bald kommende Zeitalter, von dem wir hier reden, werden keine Engel herrschen."

Hebräer 8:13: „Gott selbst hat hier von einem neuen Bund gesprochen. Das bedeutet, dass der erste Bund nicht mehr gilt. Was aber alt und überholt ist, wird bald nicht mehr bestehen."

Hebräer 9:26: „... er ist jetzt, am Ende der Zeitalter, erschienen ..."

Viele unserer heutigen Bibelübersetzungen beinhalten nicht die originalen Zeitangaben in diesen Versen, sondern generalisieren die Worte zum Beispiel zu „nicht nur in diesem Zeitalter, sondern auch in dem Zukünftigen." Hierdurch wird die Nähe des anbrechenden Zeitalters in den Bibelübersetzungen in keiner Weise erwähnt. Einige Übersetzungen schreiben außerdem „Welt" anstatt „Zeitalter", womit sich eine völlig fehlerhafte Übersetzung ergibt. Wollt ihr also tiefer in dieses Thema eintauchen, empfehle ich euch, eine wörtliche Bibelübersetzung zu benutzen oder Verse wörtlich aus dem Urtext zu übersetzen. Hiermit sichert ihr euch ein verlässlicheres Verständnis der Bibel.

Die Lehre des Neuen Bundes ist absolut fundamental für jeden Christen. Wer sich hierzu mehr informieren möchte, der sollte in Ruhe den Hebräerbrief lesen und auf jeden Fall Conrad Max Gilles Werke ansehen. Möglichkeiten dazu gibt es auf Youtube oder fatofa.de (Face to Face).

Der Zeitkontext von Jesu Endzeitrede

Um dem Ganzen einen Rahmen zu geben, setzen wir die Aussagen von Jesus nicht nur in ihren direkten Kontext, sondern sehen uns an, in welche Zeit Jesus selbst diese Ereignisse setzt. Jesus sagt in Matthäus 24:34 schließlich: „All dies wird dieser Generation widerfahren." Es ist generell anerkannt, dass eine biblische Generation etwa 40 Jahre lang ist. Folglich bedeutet dies, mindestens alles, was Jesus in seiner Rede (ab Matthäus 24:4) bis zum Vers 34 sagt, würde innerhalb der nächsten 40 Jahre geschehen. Hierzu kommen seine Aussagen aus Kapitel 23, da er in Vers 36 sagt: „Wahrlich, ich sage euch, all dies wird dieser Generation widerfahren!".

Es gibt Behauptungen, dass Jesus zwar „diese Generation" sagte, jedoch eine weit entfernte, zukünftige Generation meinte. Innerhalb des Textes gibt es jedoch keinen Indikator für diese Behauptung, und jedes weitere Mal, wenn Jesus die Worte „diese Generation" in den Evangelien benutzte, redete er eindeutig von seiner eigenen Generation. Es gibt keinen Grund, diese Aussage in Matthäus 24:34 anders zu interpretieren.

Eine weitere Behauptung ist, dass Matthäus zwar das griechische Wort genea (Generation) aufschrieb, jedoch eigentlich Rasse ausdrücken wollte. Damit würde die Rasse der Juden nicht vergehen, bis all diese Dinge geschehen sind, womit man diese Prophezeiungen leicht 2000 Jahre in die Zukunft schieben kann. Dieses Argument ist jedoch völlig aus der Luft gegriffen, da Matthäus das Wort genos (Rasse) hätte benutzen können, wie an anderen Stellen seines Evangeliums. Außerdem sind die Juden keine Rasse, sondern eine Familie, nämlich die Nachkommen Abrahams.

Wir kommen nicht darum herum, dass Jesus von seiner eigenen Generation sprach. Deutlich wird dies auch dadurch, dass Jesus seine Jünger direkt ansprach. Er sagt *ihnen: „Ihr* werdet von Kriegen und Kriegsgeschreien hören," und „Wenn *ihr* nun den Gräuel, welcher Verwüstung anrichtet ... an heiliger Stätte stehen seht ... alsdann fliehe in die Berge, wer in Judäa ist." Er sagt *ihnen:* „Bittet aber, dass *eure* Flucht nicht geschehe im Winter oder am Sabbat". Jesus spricht direkt zu seinen Jüngern und warnt sie vor dem, was kommt. Mit keinem Wort sagt er, diese Dinge seien nicht für die Jünger vor Ort, sondern für Tausende Jahre später bestimmt. Dass Gott klarstellt wenn eine Prophezeiung für die weit entfernte Zukunft bestimmt ist sehen wir zum Beispiel im Buch Daniel.

"... verschließe die Vision, denn sie betrifft die ferne Zukunft." (Daniel 8:26)

Dass Jesus von Judäa spricht, zeugt von lokalen, nicht globalen Ereignissen, hierzu jedoch später mehr.

Weitere Zeitindikatoren sind leicht zu finden, z. B. Matthäus 3:7: „Wer hat euch gewarnt vor dem Zorn, der kurz bevorsteht, zu fliehen?". In Lukas 21:7 und Markus 13:4, den Parallelkapiteln zu Matthäus 24, fragen die Jünger nach Zeichen, die zeigen würden, Jesu Prophezeiungen stünden kurz vor ihrer Erfüllung. Da Jesus seinen Jüngern sagte, sie selbst würden verfolgt werden, was ein Zeichen des kurz bevorstehenden Endes sei, können wir die Endzeit nicht außerhalb der Lebzeiten der Jünger suchen. In Lukas 21:36 heißt es, „die Dinge, die sehr bald geschehen werden." Auch hier ist zu beachten, dass viele Übersetzungen diese Zeitindikatoren einfach generalisieren und nicht richtig übersetzen. Z. B. steht dort dann, „die Dinge, die geschehen werden" anstatt „die Dinge, die sehr bald geschehen werden." Im Internet sind die griechischen Urtexte und ihre wörtlichen Übersetzungen einzusehen, was es für jedermann leicht macht, diese Dinge zu überprüfen.

Insgesamt gibt es viele weitere solcher Zeitindikatoren, wichtig für uns jetzt ist jedoch, dass feststeht: Was

Jesus in Matthäus 24 sagt, muss laut seinen Worten auch in seiner eigenen Generation geschehen sein.

Jesus ist etwa im Jahr 30 gestorben. Setzen wir hier nun eine biblische Generation von 40 Jahren drauf, kommen wir auf das Jahr 70 nach Christus. Alle Ereignisse, von denen Jesus sprach, müssen also deutlich erkennbar während dieser Jahre geschehen sein. Die Worte der Bibel sollten genügen, um uns hiervon zu überzeugen, jedoch schadet es nicht, diese Ereignisse geschichtlich zu belegen, um alle Zweifel abzuschaffen, dass diese Dinge nicht für unsere Zukunft bestimmt sind. Sehen wir uns also die prägnantesten Verse aus Matthäus 24 an und vergleichen Bibel mit Geschichte und Futurismus mit Präterismus.

Matthäus 24:2

„Ich versichere euch, kein Stein wird hier auf dem anderen bleiben."

Eindeutig redet Jesus hier noch vom Tempel. Eben noch hat er die Schriftgelehrten zur Sau gemacht und ihnen gesagt, der Tempel werde zerstört werden. Die Jünger sind entsetzt und zeigen Jesus, wie groß und überwältigend der Tempel ist. Jesus bestätigt nun als Allererstes seine vorherige Aussage. Der Tempel wird zerstört und damit auch das Leben, wie die Juden es kannten.

Ist dies jedoch bereits in der Vergangenheit eingetreten?

Natürlich. Im Jahr 70 nach Christus ist die römische Armee in Jerusalem eingefallen, und inmitten der Kämpfe entstand ein Feuer im Tempel. Da der Tempel zum Teil mit Gold verziert war, nahmen die Soldaten jeden einzelnen Stein vom anderen, um an all das Gold zu kommen. Es soll so viel Gold mitgenommen worden sein, dass der Preis hierfür sich in den umliegenden Regionen halbiert hat. Später wurde selbst das Fundament des Tempels komplett aufgewühlt, sodass kein einziges Zeichen des Tempels mehr vorhanden war. Die sogenannte Klagemauer war nie Teil des eigentlichen Tempels. Sie war Teil einer Mauer, die von Herodes errichtet wurde, und stand außerhalb des Tempels.

Viele Futuristen behaupten, die Zerstörung des Tempels im Jahr 70 sei nicht die Zerstörung gewesen, von der Jesus gesprochen hat. Sie warten darauf, dass die Juden erneut einen Tempel bauen, damit dieser wieder zerstört werden und Jesu Prophezeiung sich erfüllen kann. In den 1980er-Jahren wurden mehrere Bücher sehr populär, welche den zeitnahen Bau eines neuen jüdischen Tempels aufzeigten und Jesu Rückkehr in der unmittelbaren Zukunft sahen. Er würde jeden Moment wiederkommen. Es hieß, es könne nicht mehr lange dauern, alles, was benötigt werde, um den nächsten Tempel zu bauen, sei vorhanden. Diese Schriften sind nun über 30 Jahre alt und noch hat sich nichts getan. Außerdem gibt es im gesamten Neuen Testament keine Bibelstelle, die von einem zukünftigen, neu errichteten irdischen Tempel spricht und auch die Propheten im Alten Testament sahen keinen dritten Tempel voraus. Als sie vom Wiederaufbau des Tempels sprachen redeten sie eindeutig vom Aufbau des jüdischen Tempels, der von den Römern zerstört wurde. Trotzdem sehen viele Futuristen die Zerstörung des Tempels in Jesu Generation nicht als Erfüllung seiner Worte an.

Matthäus 24:4-5

„Lasst euch von keinem Menschen täuschen! Denn viele werden unter meinem Namen auftreten und von sich behaupten: ‚Ich bin der Christus, der von Gott erwählte Retter!‘. Und so werden sie viele in die Irre führen."

Jesus beantwortet die Fragen der Jünger, unter anderem nach dem Ende des Zeitalters und den Zeichen, die diesem Ende vorausgehen werden. Verse 4 und 5 enthalten das erste Zeichen, das Jesus seinen Jüngern nannte. Er schien viel Wert darauf zu legen, dass sie wissen, falsche Messiasse würden kommen. Aber wie kann das ein deutliches Zeichen sein? Wenn heute jemand kommt und sagt „Ich bin Jesus!", dann zeigen wir ihm rasch den Weg zur Klapsmühle, und nur sehr wenige Menschen bekommen das Ereignis mit. Zugegeben gibt es immer noch Leute, die auf diese Masche hereinfallen, jedoch ist es nicht annähernd so schlimm wie damals.

In Daniel Kapitel 9 wurde eine Zeitangabe für die Ankunft des Messias gegeben. Vereinfacht gesagt steht dort: „Wenn befohlen wird, Jerusalem wieder aufzubauen, vergehen 483 Jahre, bis der Messias kommt."

Die Juden kannten die Schrift und verstanden, dass Jesus bald kommen sollte. „Das Volk wartete sehnsüchtig auf den Messias ..." Lukas 3:15

Nachdem Jesus gekreuzigt worden war, verloren viele ihre Hoffnung und suchten nach einem neuen Messias. Der jüdische Glaube war, dass der Messias sie von den Römern befreien würde. Jesus tat dies jedoch nicht auf die erwartete Weise. Dementsprechend war es für damalige Menschen eine viel größere Gefahr, wenn ein falscher Messias auftauchte. Besetzung durch die Römer, innere Unruhen und nach Jesu Tod auftretende Rebellionen brachten die Menschen dazu, jedem möglichen Hoffnungsschimmer nachzugehen.

Josephus, ein jüdischer Historiker, der die Zerstörung Jerusalems miterlebte, schreibt: „Nun, was die Affären der Juden betrifft, sie wurden schlimmer und schlimmer, denn das Land wurde erneut erfüllt mit Dieben und Gauklern, welche die Menschenmenge betrogen" (frei übersetzt).

„Now, as for the affairs of the Jews, they grew worse and worse continually; for the country was again filled with robbers and impostors, who deluded the multitude" (Josephus, Antiquities of the Jews 20.8.5).

Genauso spricht Josephus von einem Ägypter, der viele Menschen verführte und in die Wüste brachte, wo sehr viele von ihnen von den Römern getötet wurden (Josephus, The Jewish War 2.13.5). Apostelgeschichte 21:38 bestätigt dies.

Viele weitere Verse der Bibel sprechen über bereits gekommene falsche Messiasse oder darüber, dass bald welche kommen würden. Allein in der Bibel sehen wir, dass Jesu Prophezeiung noch während seiner Generation Wahrheit wurde. Nehmen wir noch außerbiblische Quellen dazu, sind die Beweise unumstößlich.

Matthäus 24:6

„Ihr werdet von Kriegen und Kriegsgeschreien hören."

In meinen Teenagerjahren habe ich bei jedem neuen Krieg oder jedem möglicherweise entstehenden Krieg die Christen aufschreien hören: „Es ist die Endzeit!". Heutzutage herrschen überall Kriege, und aufgrund der Globalisierung hören wir natürlich auch, was am entferntesten Fleck der Erde passiert. Wieso soll dies also ein deutliches Zeichen für den Beginn der Endzeit sein?

Wieder müssen wir Jesu Aussagen in den damaligen Kontext setzen. Jesus lebte während der römischen Friedenszeit, genannt Pax Romana. Rom hatte einen solch großen Teil der bekannten Welt eingenommen, dass seit etwa 50 Jahren keine wirklichen Kriege oder großen Aufstände im Römischen Reich herrschten. Es war Frieden. Sobald jetzt ein Krieg ausbrach und die Jünger davon hörten, wussten sie sofort Bescheid. Für damalige Verhältnisse war dies ein weitaus deutlicheres Zeichen als heute.

Gab es denn nach Jesu Tod Kriege und Kriegsgeschreie, die man als eindeutiges Zeichen hätte werten können?

Natürlich, diese ließen nicht lange auf sich warten. Verschiedene jüdische Fraktionen kämpften untereinander, die Aufstände der Juden gegen die Römer nahmen weite Ausmaße an und die Römer versuchten, dem ein Ende zu bereiten. Die Juden lehnten sich immer und immer wieder gegen die Römer auf, bis diese beschlossen, Jerusalem ernsthaft anzugreifen, obwohl Jerusalem ein unglaublich wichtiger zentraler Punkt für die Wirtschaft war. Im Normalfall wäre ein ernsthafter Angriff auf Jerusalem undenkbar gewesen.

Die folgende Grafik listet nur ein paar der nennenswerteren Schlachten und Kriege auf, beachtet jedoch nicht „das Ende", also die Zerstörung Jerusalems und des Tempels.

Kriege und Kriegsgeschreie

Jahr	Ort	Details
40 nach Christus	Mesopotamien	50.000 Tote (Josephus)
49 nach Christus	Jerusalem	20.000 Tote während Passah
Unbekannt	Cäsarea	40.000 Juden getötet
Unbekannt	Alexandria	50.000 Tote
Unbekannt	Scythopolis	13.000 Juden getötet
Unbekannt	Damaskus	10.000 Tote in 1 Stunde
67 nach Christus	Gadara	60.000 durch Vespasian
67 nach Christus	Jotapata	15.000 Tote, 2130 Sklaven
67 nach Christus	Berg Gerizim	11.600 getötet
67 nach Christus	Tarichaea	6.500 getötet
67 nach Christus	Gamala	4.000 getötet, 5.000 Suizid
67 nach Christus	Gischala	6.000 Frauen und Kinder
67 nach Christus	Jerusalem	Edomiter töteten 12.000

Matthäus 24:7 Kämpfende Nationen

„Eine Nation wird sich gegen die andere erheben und ein Königreich gegen das andere."

Wer anfängt, sich mit der jüdischen Geschichte des ersten Jahrhunderts zu beschäftigen, stößt schnell auf Berichte von Kriegen und Aufständen. Josephus schreibt, dass Bürgerkriege in dieser Zeit so alltäglich waren, dass er keinen Sinn darin sah, näher über diese zu berichten.

„Ich habe es unterlassen, einen genauen Bericht von ihnen zu geben, da sie so bekannt sind bei allen, und sie wurden in akkuratem Detail beschrieben von einer Vielzahl an griechischen und römischen Autoren" (frei übersetzt).

„I have omitted to give an exact account of them, because they are well known by all, and they are described by a great number of Greek and Roman authors" (Josephus, The Jewish War 4.9.2).

Tacitus schreibt in seinem Buch „Annales" von Unruhen, Aufständen, Kriegen und Rebellionen selbst in entfernten Orten wie Germanien, Afrika, Gallien, Parthia, Britannien und Armenien.

Wenn wir bedenken, dass Jesus noch in der römischen Friedenszeit lebte, als Kriege für viele undenkbar waren, ist dieses Zeichen ideal, um die Jünger wachzurütteln. Spätestens als größere Kämpfe ausbrachen, wussten sie: Das Ende des Zeitalters rückt näher.

Matthäus 24:7 Hungersnöte und Seuchen

„In vielen Teilen der Welt wird es Hungersnöte [und Seuchen] … geben."

Matthäus schreibt hier nur von Hungersnöten, Lukas spricht jedoch zusätzlich von Seuchen (Lukas 21:11).

Futuristen sagen, dies liegt noch vor uns und erzählen Schreckensgeschichten von unserer eigenen Zukunft. Auch wenn in ärmeren Ländern wie Afrika verheerende Krankheiten oder Hungersnöte umhergehen, wird dieser Vers gern zitiert, um die Aussage „wir leben in der Endzeit" zu untermauern.
Diese Dinge sind kein Spaß und durchaus real, aber sind sie heutzutage die Erfüllung Jesu damaliger Worte? Sehen wir uns an, ob es zwischen den Jahren 30 und 70 nach Christus Hungersnöte und Seuchen gab.

Apostelgeschichte 11:27-29: „Während des Gottesdienstes sagte einer von ihnen – er hieß Agabus – eine große Hungersnot voraus. Sie würde sich über das gesamte Römische Reich erstrecken. So hatte es ihm der Heilige Geist gesagt. Tatsächlich trat diese Hungersnot wenige Jahre später noch während der Regierungszeit von Kaiser Klaudius ein."

„Dann weitete die Hungersnot ihr Voranschreiten und verschlang die Leute ganzer Häuser und Familien; die oberen Räume waren voll von Frauen und Kindern, welche an Hungersnot starben; und Wege der Stadt waren voll von Leichen der Älteren; die Kinder und jungen Männer zogen über den Marktplatz wie Schatten, alle angeschwollen durch die Hungersnot, und fielen tot um, wo auch immer ihr Unglück sie ergriff" (frei übersetzt).

"Then did the famine widen its progress, and devoured the people by whole houses and families; the upper rooms were full of women and children that were dying by famine; and the lanes of the city were full of the dead bodies of the aged; the children also and the young men wandered about the marketplaces like shadows, all swelled with the famine, and fell down dead wheresoever their misery seized them." (Josephus, The Jewish War, 5.12.3)

„Die Geschehnisse der Hungersnot, welche dann auf die Belagerten fiel, gehören zu den schrecklichsten der Menschheitsgeschichte. Die Leichen brachten eine Seuche hervor. Ganze Häuser waren gefüllt mit nicht begrabenen Leichen von Familien. Mütter schlachteten und aßen ihre Kinder" (frei übersetzt).

„The incidents of the famine which then fell on the besieged are among the most horrible in human literature, The corpses bred a pestilence. Whole houses were filled with unburied families of the dead. Mothers slew and devoured their own children." (Farrar, F. W. (Frederic William), White, A. Dickson. (1885). The early days of Christianity, page 488. Popular ed. London: Cassell.)

„Sie [eine Mutter] schlachtete ihren Sohn; und briet ihn dann; und aß die eine Hälfte; und behielt die andere Hälfte bei sich, versteckt" (frei übersetzt).

„She [a mother] slew her son; and then roasted him; and eat the one half of him; and kept the other half by her concealed.", (Josephus The Jewish War 6.3.4)

Josephus, Tacitus und weitere Historiker berichten über Hungersnöte und Seuchen zu der Zeit. Eine Hungersnot soll sich über das gesamte Römische Reich erstreckt haben. Fest steht also, dass auch diese Worte Jesu auf grausame Weise innerhalb seiner eigenen Generation in Erfüllung gegangen sind.

Matthäus 24:7 Erdbeben

„In vielen Teilen der Welt wird es ... Erdbeben geben."

Ich überspringe den Kommentar zur heutigen Zeit. Sehen wir uns an, ob es damals Erdbeben gab, welche die Jünger auf die bevorstehende Zeit hinwiesen.

– Matthäus 27:54: „Der römische Hauptmann ... erschrak sehr bei diesem Erdbeben ..."
– Matthäus 28:2: „Plötzlich fing die Erde an zu beben."
– Apostelgeschichte 16:26: „Plötzlich bebte die Erde so heftig..."

Edward Hayes Plumptre schreibt: „Wahrscheinlich war keine Zeit der Welt jemals so gezeichnet von diesen Erschütterungen, welche zwischen der Kreuzigung und der Zerstörung Jerusalems stattfanden" (frei übersetzt).

„Perhaps no period in the world's history has ever been so marked by these convulsions as that which intervened between the Crucifixion and the destruction of Jerusalem." (Edward Hayes Plumptre, The Gospel According to St. Matthew, Ellicott's Commentary on the Whole Bible (London, Cassell; 1897), 6:146).

Historisch finden wir Berichte zu zig Erdbeben:

Wo?	Wann?
Kreta	46
Rom	51
Phrygia	53
Laodicea	60
Campania	62
Pompeii	53
Phlegon	unbekannt
Apanea	unbekannt

Allein zwischen den Jahren 60 und 70 wurden Erdbeben in folgenden Gebieten zusätzlich zu den eben genannten aufgezeichnet:

Kreta, Smyrna, Miletus, Chios, Samos, Hierapolis, Kolosse, Rom und Judäa.

Es sollte eindeutig sein, dass zur damaligen Zeit eine Vielzahl an Erdbeben in sehr kurzer Zeit und auf sehr kleinem Raum auftraten. Dies bestätigt wieder die Aussage Jesu, dass seine Prophezeiungen der damaligen Generation widerfahren würde. Diese plötzliche Vielzahl an Erdbeben war für die Jünger ein äußerst deutliches Zeichen.

Matthäus 24:9

„Dann werdet ihr gefoltert, getötet und in der ganzen Welt gehasst werden, weil ihr euch zu mir bekennt."

Zuallererst möchte ich sagen, dass ich die heutige Christenverfolgung in keiner Weise klein machen möchte. Dies ist ein sehr schwerwiegendes Thema und Tausende Christen leiden noch zur heutigen Zeit. Ich möchte lediglich die unglaublich radikale Verfolgung zur damaligen Zeit aufzeigen.

Zu dem Thema gibt es viele Bibelverse, die aufzeigen, wie schlimm die Verfolgung damals war.
Stephanus war der erste getötete Christ. Apostelgeschichte 8:1 sagt uns, dass nach seiner Tötung „eine große Verfolgung gegen die Gemeinde einsetzte."
Johannes bezeichnet sich in Offenbarung 1:9 als „Teilhaber der Trübsal."
Wir sehen in Apostelgeschichte 16, wie Paulus und Silas gefoltert und ins Gefängnis geworfen wurden.
In 2. Korinther 11:23-26 schreibt Paulus „… Ich bin öfter im Gefängnis gewesen und häufiger ausgepeitscht worden. Viele Male hatte ich den Tod vor Augen. Fünfmal habe ich von den Juden die neununddreißig Schläge erhalten. Dreimal wurde ich von den Römern mit Stöcken geschlagen, und einmal hat man mich gesteinigt. Dreimal habe ich Schiffbruch erlitten; einmal trieb ich sogar einen Tag und eine ganze Nacht hilflos auf dem Meer. Auf meinen vielen Reisen bin ich immer wieder in Gefahr geraten durch reißende Flüsse und durch Räuber. Ich wurde von meinem eigenen Volk bedroht ebenso wie von den Nichtjuden. In den Städten wurde ich verfolgt, in der Wüste und auf dem Meer bangte ich um mein Leben. Und wie oft wollten mich Leute verraten, die sich als Christen ausgaben!"

Im *Apologeticum* schreibt Tertullian von dem alltäglichen Hass, den Christen im ersten Jahrhundert erlebten. Es war fast wie Krieg gegen den Namen Christus.

Laut verschiedener Quellen erlitten die ersten Jünger Jesu sehr qualvolle Tode. Petrus, Andreas, Philippus, Bartholomäus, Simon der Zelot und Judas (Thaddäus) wurden gekreuzigt. Paulus wurde geköpft, Thomas und Matthäus erstochen, Johannes, Sohn von Alphäus, wurde gesteinigt, und Markus wurde von Pferden gezogen, bis er starb.

Neben diesen Ereignissen gab es durch den Caesar Nero eine sehr große Christenverfolgung. Christen wurden in Massen verfolgt und grausam getötet. Mehr hierzu aber in den Versen 21-22.

Die Christenverfolgung heutzutage ist kein Witz. Zum Glück herrscht sie jedoch nicht in dieser Form in der ganzen Welt. Zur damaligen Zeit war sie weit verbreitet und in vielen Orten als normal angesehen.

Matthäus 24:11

„Falsche Propheten werden in großer Zahl auftreten und viele verführen."

Wieder ein Zeichen, das heutzutage noch vorkommt, aber damals eine viel schwerwiegendere Gefahr darstellte.

Wir lesen in vielen Versen der Bibel, dass bereits falsche Propheten aufgetaucht sind und viele verführten oder in kurzer Zeit auftreten würden. Verse zu diesem Thema sind z.B.

Apostelgeschichte 5:37
Apostelgeschichte 8:9-11
Apostelgeschichte 13:6 und 20:29
2. Petrus 2:1, 3 und 3:16
1. Johannes 4:1
1. Timotheus 6:5
2. Timotheus 3:13 und 4:3
2. Korinther 11:13
Galater 1:6
....

Zusätzlich hatten die damaligen Christen mit vielen Sekten zu tun, die sich gebildet haben. Eine sehr prägnante ist die des Gnostizismus oder der Gnosis.

Die Gnostiker behaupteten, alles Materielle wäre böse und alles Geistige gut. Dementsprechend gab es zwei Götter: einen guten, aber versteckten Gott und einen kleineren, bösen Gott, der die materielle Welt geschaffen hat.

Sie behaupteten auch, dass Jesus nie als Mensch gekommen sei, er wäre lediglich als Geist auf der Erde gewesen und hätte nur die Erscheinung eines menschlichen Körpers. Das Problem mit dieser Aussage ist, dass Jesus nie für uns hätte sterben können und es kein Blut für die Vergebung gegeben hätte.

Sünde war kein Hauptproblem für Gnostiker, schließlich waren sie ja „im Fleisch", welches sowieso böse war. Ihr Hauptproblem war die materielle Welt. Besonders Johannes schien ein großes Problem mit dieser Sekte gehabt zu haben. Beispiele seht Ihr in:

Johannes 1:14; 1. Johannes 1:3; 2:22, 4:3,

Die Vielzahl der Christen, die damals verführt wurden, war immens. Hier nur ein paar Verse aus 2. Timotheus, die zeigen, womit Paulus zu kämpfen hatte: 1:15; 2:17-18; 4:16.

In der Bibel wird noch über andere Sekten gesprochen, z. B. die Nikolaiten, auf die ich jetzt aber nicht näher eingehe. Fakt ist, dass viele falsche Propheten in Jesu eigener Generation aufgetaucht sind, genau wie er es vorhergesagt hat.

Matthäus 24:14

„Die rettende Botschaft von Gottes Reich wird auf der ganzen Welt verkündet werden, damit alle Völker sie hören. Dann erst wird das Ende kommen."

Diesen Vers benutzen Futuristen, um zu zeigen, dass das Ende ja noch gar nicht hätte kommen können. Schließlich wurde das Evangelium nicht auf der ganzen Welt verkündet. Sehen wir uns einmal das griechische Wort an, das mit „Welt" übersetzt wurde.
Bei diesem handelt es sich um das Wort Oikumene. Oikumene bedeutet übersetzt „die zivilisierte" bzw. „bekannte Welt", womit das Römische Reich gemeint ist.

Ein Vergleich:
Lukas 2:1: „Es begab sich aber zu der Zeit, dass ein Gebot von dem Kaiser Augustus ausging, dass alle Welt (Oikumene) geschätzt würde."
Niemand kommt auf den Gedanken, dass hier die komplette Welt gemeint sein könnte und diese Schätzung heute noch in Gang ist. Es ist selbstverständlich, dass das Römische Reich gemeint war, und viele Übersetzungen benutzen hier auch richtige Worte. Genauso muss dann aber in Matthäus 24:14 das Wort Oikumene richtig übersetzt werden.

Hätte Matthäus das Wort „ge" oder „kosmos" geschrieben, dann wäre die gesamte Erde gemeint, mit dem Wort Oikumene drückt er jedoch eindeutig etwas anderes aus. Matthäus benutzt das Wort Oikumene auch nur an dieser Stelle in seinem gesamten Evangelium, was deutlich machen sollte, dass er nicht von der gesamten Welt, sondern vom Römischen Reich redete. In dieses sollte die rettende Botschaft verkündet werden, erst dann käme das Ende.

Rein biblisch betrachtet, was sagen denn die Apostel? Wurde das Evangelium in die „ganze Welt" gebracht?

Römer 10:18: „Ich frage aber: Haben sie es nicht gehört? Doch, es ist ja in *alle Lande ausgegangen* ihr Schall und ihr Wort bis an die *Enden der Welt* (Oikumene)."

Kolosser 1:6: „(Das Wort der Wahrheit) das zu euch gekommen ist. *Wie in aller Welt* so bringt es auch bei euch Frucht und wächst …"

Kolosser 1:23: „… Ihr habt sie (die rettende Botschaft) gehört, und sie ist *überall in der Welt verkündet worden* …"

Römer 16:26: „… in dessen Auftrag es anhand der prophetischen Worte der Schrift *allen Völkern bekannt gemacht worden ist …*"

Wenn wir uns die oben genannten Aussagen der Apostel ansehen, dann können wir nicht einfach unsere Augen schließen. Kultureller und zeitlicher Kontext sprechen von damaligen Ereignissen, und die Schrift spricht eindeutig vom Römischen Reich.

Viele Christen erwarten, dass das Evangelium heutzutage in jeden Winkel der Erde getragen werden muss, bevor Jesus wiederkommt. Natürlich ist es gut, das Evangelium in alle Welt zu bringen, jedoch dürfen wir Jesu Worte nicht aus ihrem Kontext reißen und zu etwas Neuem machen. Im Kontext sehen wir ganz deutlich, dass Jesus vom Ende des Tempels und vom Ende des Zeitalters des Alten Bundes spricht. Im Hebräerbrief lesen wir hiervon ebenso und die Apostel bestätigen uns, dass Jesu Prophezeiung bereits zu ihren Lebzeiten in Erfüllung gegangen ist.

Eusebius, ein früher christlicher Historiker, schreibt: „Die Lehre des Neuen Bundes wurde allen Nationen gebracht und unmittelbar besetzten die Römer Jerusalem und zerstörten es und den dortigen Tempel" (frei übersetzt).

„The teaching of the new covenant was borne to all nations, and at once the Romans besieged Jerusalem, and destroyed it and the Temple there." (Eusebius, The Proof of the Gospel, Book 1, Chapter 6.)

Natürlich wollen wir das Evangelium heute der gesamten Welt bringen, aber dies ist nicht das, wovon Jesus gesprochen hat, und unsere Motivation sollte auch nicht sein, dass das Ende hiernach kommen kann. Die Liebe zu den Mitmenschen und die Begeisterung, unseren Gott zu kennen, sollte immer die Motivation für uns sein, das Evangelium, die gute Nachricht, zu verbreiten.

Matthäus 24:15-16

„Wenn ihr nun den Gräuel, welcher Verwüstung anrichtet, von dem durch den Propheten Daniel geredet ist, an heiliger Stätte stehen seht – wer es liest, der merke auf! – alsdann fliehe in die Berge, wer in Judäa ist;"

Zu diesem Text gibt es die wildesten Theorien. „Das Gräuel, welches Verwüstung anrichtet, ist der Antichrist!" „Das Gräuel kommt bald!". Anstatt die Bibel für sich selbst sprechen zu lassen, wird einfach wild drauf los behauptet.

Wir haben zu diesem Vers eine Parallelstelle in Lukas 21:20-21, die wir mit dem Vers aus Matthäus vergleichen sollten.

Matthäus 24:15:
„Wenn ihr nun den Gräuel, welcher Verwüstung anrichtet, von dem durch den Propheten Daniel geredet ist, an heiliger Stätte stehen seht – wer es liest, der merke auf! – alsdann fliehe in die Berge, wer in Judäa ist;" …

Lukas 21:20-21:
„Wenn ihr aber sehen werdet, dass Jerusalem von einer Armee umzingelt wird, dann erkennt, dass seine Verwüstung nahe herbeigekommen ist. Alsdann, wer in Judäa ist, der fliehe ins Gebirge, ..."

Durch den Vergleich mit Lukas' Schrift sehen wir ganz klar, dass das „Gräuel, welches Verwüstung anrichtet" direkt mit einer Armee, die Jerusalem umzingeln wird, in Verbindung steht. Selbst wenn dieses Szenario für unsere Zukunft wäre, hätte es für die meisten von uns keinerlei Bedeutung, wir leben schließlich nicht in Judäa.

Jetzt kann man sagen, mit Judäa ist die ganze Christenheit gemeint, ich finde aber, irgendwo muss man aufhören, die offensichtliche Schrift zu verdrehen. Aber denken wir mal weiter. Jeder Christ soll in die Berge fliehen, wenn Jerusalem von einer Armee umzingelt ist. Wohin fliehe ich, wenn ich in einem Land ohne Berge lebe? Dies ist eine von vielen Fragen, denen viele Futuristen aus dem Weg gehen, da sie aufzeigt, wie fehlerhaft ihre Sichtweise ist und es sich eindeutig um lokale, nicht globale Geschehnisse handelt.

Diese Aussagen wurden ohne Frage für damalige Menschen in Judäa geschrieben. Es handelt sich bei dem Gräuel auch nicht um eine einzelne Person oder einen Weltherrscher, sondern um ein Ereignis, das in den Jahren 66-70 nach Christus stattfand. Mehr dazu aber im nächsten Vers.

Matthäus 24:16-18

„Alsdann fliehe auf die Berge, wer in Judäa ist; und wer auf dem Dach ist, der steige nicht herab, um etwas aus seinem Haus zu holen; und wer auf dem Feld ist, der kehre nicht um, seine Kleider zu holen."

Dieses Ereignis ist tatsächlich so geschehen. Der römische Statthalter Gaius Cestius Gallus umzingelte mit einer Armee Jerusalem im Jahr 66, zog sich jedoch aus unbekannten Gründen nach kurzer Zeit wieder zurück. Als dies geschah, flohen die Christen aus Judäa in die Bergstadt Pella.

Eusebius schreibt: „Aber die Leute der Kirche in Jerusalem wurden vorher von einer Offenbarung beauftragt, welche von zuverlässigen Männern bestätigt wurde, die Stadt zu verlassen und in einer bestimmten Stadt von Perea, Pella genannt, zu verweilen" (frei übersetzt).

„But the people of the church in Jerusalem had been commanded by a revelation, vouchsafed to approved men there before the war, to leave the city and to dwell in a certain town of Perea called Pella." (Eusebius, Church History 3.5.3)

Charles Spurgeon schreibt: „Sobald Christi Jünger das ‚Gräuel, welches Verwüstung anrichtet', das sind die römischen Flaggen, mit ihren abgöttischen Wahrzeichen, ‚an heiliger Stätte stehen sahen', wussten sie, die Zeit für ihre Flucht war gekommen. Und sie sind ‚in die Berge geflohen'. Die Christen in Jerusalem und der umliegenden Dörfer und Städte ‚in Judäa' nutzten die erstmögliche Chance, den römischen Armeen zu entkommen und flohen zu der

Bergstadt namens Pella in Perea, wo sie von der Zerstörung sicher blieben, welche die Juden stürzte. Es gab keine Zeit zu verschwenden vor der endgültigen Belagerung der schuldigen Stadt. Der Mann ‚auf dem Dach' hatte keine Zeit, herunterzukommen und etwas ‚aus seinem Haus zu holen'. Der Mann ‚im Feld' konnte nicht zurück, um ‚seine Kleider zu holen'. Sie mussten mit der größten Eile fliehen, sobald sie ‚Jerusalem umzingelt von Armeen' sahen" (frei übersetzt).

„As soon as Christ's disciples saw "the abomination of desolation", that is, the Roman ensigns, with their idolatrous emblems, "stand in the holy place", they knew that the time for them to escape had arrived; and they did "flee into the mountains." The Christians in Jerusalem and the surrounding towns and villages, "in Judea", availed "themselves of the first opportunity for eluding the Roman armies, and fled to the mountain city of Pella, in Perea, where they were preserved from the general destruction which overthrew the Jews. There was no time to spare before the final investment of the guilty city; the man "on the house-top " could "not come down to take anything out of his house", and the man "in the field" could not "return back to take his clothes." They must flee to the mountains in the greatest haste the moment that they saw "Jerusalem compassed with armies." (Charles Spurgeon The Truth of the Gospel, Page 418)

Diejenigen, die Christus nicht geglaubt haben, fanden sich nach einiger Zeit erneut umzingelt inmitten von mehreren, sich bekriegenden Parteien innerhalb von Jerusalem wieder. Ab einem bestimmten Punkt hatten sie keine Gelegenheit mehr zur Flucht, entweder blockierten die Römer sie von außen oder jüdische Rebellen von innen.

Matthäus 24:20

„Bittet aber, dass eure Flucht nicht geschehe im Winter oder am Sabbat."

Für uns heute hat es absolut keine Bedeutung, ob wir am Sabbat fliehen oder nicht. Es ist also erneut wichtig zu erkennen, dass Jesus zu seinen damaligen Jüngern gesprochen hat, nicht zu uns.

Obwohl sie nicht mehr unter dem Gesetz standen, hielten die jüdischen Leiter fleißig weiter den Sabbat, sie glaubten schließlich nicht an Jesus und seine Worte. Die Tore von Jerusalem wurden am Sabbat geschlossen und jeder, der am Sabbat rannte oder zu weit lief, konnte von den jüdischen Leitern gefangen genommen werden, da man während eines Sabbats nicht rennen und nur eine limitierte Strecke laufen durfte. Dies hätte eine Flucht am Sabbat fast unmöglich gemacht.

Setzen wir Jesu Worte in seine eigene Zeit und Kultur, ergibt der Text plötzlich Sinn.

Matthäus 24:21-22

„Denn es wird dann eine große Bedrängnis sein, wie sie nicht gewesen ist vom Anfang der Welt bis jetzt und auch nie wieder werden wird. Und wenn jene Tage nicht verkürzt würden, so würde kein Mensch gerettet werden; aber um der Auserwählten willen werden diese Tage verkürzt."

An dieser Stelle verweise ich erneut auf die Grafik „Kriege und Kriegsgeschreie" (Vers 6-7). Zusätzlich machen die folgenden Aussagen eine große Bedrängnis im ersten Jahrhundert sehr deutlich.

Nachdem die Römer Jerusalem im Jahre 70 nach Christus ernsthaft angriffen, vergingen bis zur Zerstörung des Tempels fast fünf Monate. In diesen fünf Monaten starben laut Josephus etwa 1,1 Millionen Juden. Ca. 97.000 wurden als Sklaven verkauft (vorausgesagt in Lukas 21:24), von denen viele im Kolosseum und anderswo starben. Dies kam der Ausrottung des jüdischen Volkes unglaublich nahe. Ob Josephus' Aussage von 1,1 Millionen verstorbenen Juden akkurat ist, bleibt umstritten. Wir können aber bei solch einem Ereignis von Hunderttausenden Toten ausgehen, besonders da sich zu der Zeit die Juden in Jerusalem zum Passahfest versammelten und durch die andauernden Schlachten viele Menschen hinter den großen Mauern Jerusalems Schutz suchten.

Zusätzlich war die Zeit von 64 bis 68 die Schreckensherrschaft von Nero. Er hat Tausende Christen gekreuzigt, bei lebendigem Leib von Hunden fressen lassen, als lebende Fackeln benutzt, den Löwen zum Fraß vorgeworfen, ins Kolosseum geworfen, …

Tertullian schreibt: „Nero, der erste Kaiser, der sein Schwert im Blut der Christen gefärbt hat" (frei übersetzt).

„Nero the first emperor who dyed his sword in Christian blood", (Tertullian, Apologeticum, Chapter 5.)

Tacitus schreibt von „Neros grausamer Natur", (Tacitus, Histories Book IV Chapter 8, frei übersetzt).

und sagt auch: Nero „tötete so viele unschuldige Männer" (frei übersetzt).

„[Nero] put to death so many innocent men", (Tacitus, Histories Book IV Chapter 7).

Plinius der Ältere bezeichnete Nero als „Zerstörer der Menschheit" und „Gift der Welt" (frei übersetzt).

Pliny the Elder describes Nero as "the destroyer of the human race" and "the poison of the world" (Pliny, Natural History 7:45; 22:92).

Nero tötete seine Mutter, schwangere Frau, Tante, seinen Bruder und viele mehr.

Dies ist nur ein kleiner Einblick in das Leben des Herrschers der damaligen Zeit und der grausamen Bedrängnis, der die Christen ausgeliefert waren.

Einige Christen behaupten, diese Prophezeiungen aus Matthäus 24 könnten sich auch mehrfach erfüllen; einmal im ersten Jahrhundert und erneut in unserer Zukunft. Jedoch ist wichtig zu beachten, dass Jesus hier ganz klar sagt: „Denn es wird dann eine große

Bedrängnis sein, wie sie nicht gewesen ist vom Anfang der Welt bis jetzt und auch nie wieder werden wird." Es ist also unmöglich, dass diese Prophezeiung sich ein zweites Mal erfüllt.

Vermutlich ging es Jesus auch nicht hauptsächlich um die grausamen Kriege und Tode der Zeit, als er diese Worte sprach, hiervon gab es in den letzten 2000 Jahren schließlich genug weitere. Aus dem Kontext können wir schließen, dass es um die Zerstörung des Tempels und damit des alten Judentums ging. Alles drehte sich um den Tempel, die Opferungen und die Schriftgelehrten. Die heutigen Juden mögen noch genauso die Nachkommen Abrahams sein, jedoch ist das heute bestehende Judentum nicht mehr das, wovon die Bibel berichtet. Nach der Zerstörung des Tempels entstand das sogenannte rabbinische Judentum. Selbst wenn man wollte, man könnte das alte Judentum nicht wieder einführen, da man offizielle Belege für seine Herkunft liefern musste, um Hohepriester zu werden. Ohne offizielle Belege gibt es keinen neuen Hohepriester. Ohne neuen Hohepriester gibt es kein altes Judentum mehr. Die benötigten Schriften zur Beweislieferung der Herkunft und vieles Weitere sind mit Zerstörung des Tempels für immer verloren gegangen. Es war wirklich das Ende des Zeitalters, in Ausmaßen, die wir uns kaum vorstellen können. In dieser Hinsicht war es wirklich die erschütterndste Zeit für die Juden und eine Zeit, die sich so niemals wiederholen kann.

Für die Juden heute besteht aber natürlich das gleiche Versprechen wie für alle anderen Menschen: Jesus ist erschienen und hat den Weg zu Gott frei gemacht.

Matthäus 24:29

„Aber gleich nach der Bedrängnis jener Tage wird die Sonne verfinstert werden und der Mond seinen Schein nicht geben, und die Sterne werden vom Himmel fallen, und die Kräfte der Himmel werden erschüttert werden."

Futuristen nehmen dies wörtlich, was in unserer westlichen Denkweise natürlich Sinn ergibt. Jesus greift hier jedoch Worte aus Jesaja 13 auf, wo es um ein bereits geschehenes Gericht über Babylon geht. Es ist nur logisch, dass die Worte Jesu hier genauso zu interpretieren sind wie die Worte Jesajas: als das Gericht über eine Nation. Wäre diese Aussage in der Bibel wörtlich zu nehmen, dann gäbe es die Welt längst nicht mehr, schließlich wären der Erde katastrophale Ereignisse widerfahren. Sehen wir uns ein paar weitere alttestamentliche Verse an, die die gleiche Sprache verwenden und bereits in Erfüllung gegangen sind.

Hezekiel 32:7-8:
„Und ich werde, wenn ich dich auslösche, den Himmel bedecken und seine Sterne verdunkeln; ich werde die Sonne mit Gewölk bedecken, und der Mond wird sein Licht nicht scheinen lassen. Alle leuchtenden Lichter am Himmel werde ich deinetwegen verdunkeln, und ich werde Finsternis über dein Land bringen, spricht der Herr."

In diesem Text wird prophezeit, wie Babylon Ägypten zerstört.

Zerstörung von Edom: Jesaja 34:4-5
„Das gesamte Heer des Himmels wird vergehen, und die Himmel werden zusammengerollt wie eine Buchrolle, und all ihr Heer wird herabfallen … Zum Gericht über Edom …"

Dies sind nur zwei Beispiele aus der Bibel, welche die gleiche symbolische Sprache benutzen wie Jesus. Natürlich wussten die Juden genau, was gemeint war, sie kannten die Schrift.

Ein weiteres Beispiel, das beim Verständnis hilft, steht in 1. Mose 37. Joseph hatte einen Traum: Sonne, Mond und elf Sterne würden sich vor ihm verbeugen. Als er dies seiner Familie erzählt, weist sein Vater ihn zurecht. „Meinst du etwa, ich, deine Mutter und deine elf Brüder werden uns vor dir verbeugen?"

Ohne weitere Erklärung war ihm bewusst, dass Sonne, Mond und Sterne die waren, die eigentlich über Joseph standen. In den meisten Prophezeiungen stehen Sonne, Mond und Sterne für Nationen oder Leiter von Nationen.

Auch heutzutage stehen Sterne symbolisch noch für Nationen oder Staaten. Seht euch die amerikanische Flagge an. Auf ihr sind 50 Sterne abgebildet, repräsentativ für die 50 amerikanischen Staaten. Wir finden diese Symbolik auf vielen Flaggen, z. B. auf der Flagge Cubas, Chinas, Neuseelands und weiteren.

Genauso zu verstehen ist diese Symbolik bei dem Gericht über Babylon, über Edom, bei weiteren Gerichten im Alten Testament und auch in Jesu Rede. Die Führer einer Nation werden von ihrem Thron geworfen. Genau das ist im Alten Testament passiert. Warum sollte Jesus also nun dieselbe Sprache benutzen, welche die Juden verstanden, aber ihr eine wörtliche Bedeutung geben?

Lassen wir die Bibel für sich selbst sprechen und interpretieren wir Texte nicht mit unserem heutigen Verständnis, passen diese Prophezeiungen perfekt in den Kontext von Matthäus 23 und 24. Die jüdischen Führer verloren ihre Macht und das ihnen Wichtigste: den Tempel.

Matthäus 24:30

„Und dann wird das Zeichen des Menschensohnes am Himmel erscheinen; und dann werden wehklagen alle Stämme des Landes, und sie werden den Sohn des Menschen kommen sehen auf den Wolken des Himmels mit großer Macht und Herrlichkeit."

Hier wiederholt sich die Situation von Vers 29. Futuristen nehmen dies wörtlich und sagen: Dies ist der Vers der Entrückung. Jesus kommt als 1,80 Meter großer Mann auf den Wolken wieder und nimmt uns alle von dieser Welt. Wir dürfen aber nicht vergessen, dass Jesus oft aus dem Alten Testament zitiert und manchmal hier erst die Bedeutung seiner Worte klar wird.

In diesem Fall zieht Jesus eine Verbindung zu Daniel 7:13-14: „Ich schaute in Visionen der Nacht, und siehe, es kam einer mit den Wolken des Himmels, gleich einem Sohn des Menschen; und er gelangte bis zu dem Hochbetagten und wurde vor ihn gebracht. Und ihm wurde Herrschaft, Ehre und Königtum verliehen,…" ‚Der Hochbetagte' ist ein Ausdruck für Gott den Daniel mehrmals verwendet. Wir sehen, dass Jesus nicht auf die Erde kommt, sondern zu Gott kommt. Aus diesem Vers wird klar, dass Jesu Kommen auf den Wolken nicht in allererster Linie ein physisches Ereignis auf der Erde ist, sondern ein „Kommen zu Gott" bei dem Jesus alle Macht verliehen bekommt.

Sehen wir uns auch hier an, ob wir diese prophetische Sprache im Alten Testament finden.

Micha 1:1-5: „Gott, der HERR … steigt herab … Unter seinen Schritten schmelzen die Berge wie Wachs im Feuer, sie fließen in die Ebene, wie Wasser den Abhang hinab schießt. In den Tälern brechen tiefe Spalten auf."

Ist Gott sichtbar herabgestiegen und sind die Berge wörtlich wie Wachs geschmolzen? Nein. Dies ist ein Vers, in dem Gott ein Urteil über Jerusalem ausspricht.

2. Samuel 22:10-11, 13: „Er neigte den Himmel und fuhr herab, und Dunkel war unter seinen Füßen. Er ritt auf einem Cherub und flog; er wurde auf den Flügeln des Windes gesehen … Aus dem Glanz vor ihm brannte Feuersglut."

Ist Gott wörtlich auf einem Cherub geflogen? Wurde er wörtlich auf den Flügeln des Windes gesehen? Neigte er wörtlich den Himmel und fuhr herab?
Nein. Dies sind Verse in denen David singt wie Gott Saul verurteilte.

Hesekiel 30:3-8: „Der Tag des Herrn ist nahe gekommen, ein Tag der Wolken … Und das Schwert wird auf Ägypten kommen … Und sie werden verwüstet sein ..."

In diesen Versen verurteilt Gott Ägypten.
Weitere Beispiele stehen in Sacharja 9:13-14 und Jesaja 19:1-2.

Es wird deutlich, dass Gottes Kommen im Alten Testament kein physisches Kommen ist, sondern symbolisch für ein Gericht steht. Auch in Offenbarung 2:5 steht Jesu Kommen mit einem Gericht oder einer Verurteilung in Verbindung und nicht mit der Entrückung oder der Auferstehung aller Menschen. In diesem Vers warnt Jesus die Gemeinde aus Ephesus, dass sie Dinge ändern müsste, ansonsten würde er kommen und Gericht über sie halten.

Sehen wir ein Muster im „Kommen Gottes auf den Wolken?"

1. Ein Prophet benutzt apokalyptische Sprache, um eine Nation vor Gottes Kommen und Gericht zu warnen.

2. Die Menschen tun keine Buße.

3. Eine gegnerische Armee oder ein anderes Ereignis kommt und zerstört deren „Sonne, Mond und Sterne" (die Führer der Gesellschaft).

4. Die Menschen sehen Gottes Präsenz in den Ereignissen.

Dies war oftmals der Ablauf damaliger Prophetien, der auch genau auf Jesu Rede in Matthäus 24 passt. Er warnt die Juden, und spätere Propheten warnen die Juden, jedoch tun sie keine Buße. Jesus „kommt auf den Wolken" und Jerusalem wird samt Leiterschaft zerstört. Der gesamte Text passt in den Kontext von Matthäus 23, 24 und der weiteren Aussagen von Jesus. Viele Präteristen unterscheiden zwischen „Jesu Kommen auf den Wolken" und „Jesu zweitem Kommen". Letzteres beschreibt laut ihnen das Ende der Zeit, wenn Jesus wiederkommt, alle Menschen auferstehen lässt und sie dann vor Gott stellt. Eine Stelle, die für diese Sichtweise zitiert wird, ist 1. Thessalonicher 4:15-17. Ob ihr zwischen „Jesu Kommen auf den Wolken" und „Jesu zweitem Kommen" einen Unterschied macht, müsst ihr mit der Zeit selbst herausfinden.

Matthäus 24:35

„Himmel und Erden werden vergehen, aber meine Worte werden nicht vergehen."

Hier gehen wir mit unserem westlichen Denken wieder davon aus, dass Jesus wörtlich Himmel und Erde meint. Gerade eben hat er aber noch von der Zerstörung des Tempels geredet, wieso spricht er denn nun das Ende der Welt an?

Wenn wir die damalige jüdische Kultur beachten, sehen wir, dass „Himmel und Erde" ein Ausdruck für den Tempel war. Verschiedene Historiker bezeugen genau dies.

Josephus schreibt zum Beispiel, dass die Stiftshütte, der Vorgänger des Tempels, eine Imitation der Welt war. Das Allerheiligste repräsentierte den Himmel, der Rest der Stiftshütte das Land und das Meer. (Josephus, Antiquities of the Jews, 3.6.4)

Der Himmel war für Gott reserviert, nur der Hohepriester durfte nach bestimmten Ritualen einmal pro Jahr eintreten. Das Land war für die Juden bestimmt, sie waren die Einzigen mit Zugang zu Gott.

In talmudischer Tradition sehen wir, dass ebenfalls über dies gesprochen wird. Zusätzlich haben wir Aussagen von Leuten wie John Brown.

John Brown schreibt „'Himmel und Erde werden vergehen' wörtlich zu nehmen, würde die Auflösung des Systems unseres gegenwärtigen Universums bedeuten; Die Zeit, in der dies geschehen solle, wird als ‚Ende der Welt' bezeichnet. Wer aber auch nur ein wenig vertraut ist mit der Ausdrucksweise des Alten Testaments, weiß dass die Auflösung des mosaischen Systems und die Errichtung des Christlichen oft als Beseitigung der alten Himmel und Erde und Erschaffung der neuen Himmel und Erde beschrieben wird" (frei übersetzt).

„‚Heaven and Earth passing away' understood literally, is the dissolution of the present system of the universe; and the period when that is to take place, is called the „end of the world." But a person at all familiar with the phraseology of the Old Testament Scriptures, knows that the dissolution of the Mosaic economy, and the establishment of the Christian, is often spoken of as the removing of the old earth and heavens, and creation of a new earth and new heavens." (John Brown, Discourses and sayings of our Lord, Volume I, Exposition IV)

Charles Spurgeon sagt uns: „Hast du jemals die Abwesenheit von Brandopfern oder der roten Kuh oder irgendeines der Opferungen und Rituale der Juden bereut? Hast du dich jemals nach dem Laubhüttenfest gesehnt …? Nein, denn auch wenn diese wie die alten Himmel und Erde für die Juden waren, sie sind Vergangenheit und nun leben wir unter dem neuen Himmel und einer neuen Erde, sofern die göttliche Lehre beachtet wird. Das Wesentliche ist gekommen und der Schatten ist vergangen; und wir denken nicht mehr daran" (frei übersetzt).

„Did you ever regret the absence of the burnt-offering, or the red heifer, or any one of the sacrifices and rites of the Jews? Did you ever pine for the feast of tabernacles ...? No, because, though those were like the old heavens and earth to the Jewish believers, they have passed away, and we now live under new heavens and a new earth, so far as the dispensation of divine teaching is concerned. The substance is come, and the shadow has gone; and we do not remember it."

(Charles Spurgeon, A Sermon (No. 2211) from the Metropolitan Tabernacle Pulpit, Volume 37)

Setzen wir diese Erkenntnis einmal in den Kontext von Matthäus 24. Jesus sagt: Der Tempel wird zerstört und was alles passieren muss, bis dies geschieht. Er verurteilt die jüdischen Führer und sagt, ihr Allerheiligstes wird zerstört werden. Die Jünger Jesu bekommen Panik, da ihr ganzes Leben sich um den Tempel dreht. Sie können sich nicht vorstellen, wie sie ohne ihn, ihre Verbindung zu Gott, leben sollen. Jesus beruhigt die Jünger und sagt: „Der Tempel wird zwar mitsamt dem Alten Bund und eurer gesamten Lebensweise komplett zerstört, aber meine Worte und der Neue Bund, werden ewig bleiben. Haltet euch nicht an das Alte, sondern an mich." Auch wenn dieser Vers nach Vers 34 „... diese Generation wird nicht vergehen, bis dies alles geschehen ist" steht, sehen wir im Kontext, dass er noch eindeutig in die Ereignisse fällt, die während Jesu Generation aufgetreten sind.

Lasst euch nicht von dieser Erkenntnis über die Bedeutung der alten und neuen Himmel und Erde abschrecken. Vielen von uns wurde beigebracht, dass es sich um physische Himmel und Erde handelt und wir Christen eigentlich nur darauf warten, dass diese Erde vergeht und wir auf die Neue gesetzt werden. Die Idee, es handle sich hierbei jedoch nicht um physische Ereignisse, sondern um die Abschaffung des Alten Bundes und Einführung des Neuen, ist sehr alt, und wer sich mit dieser Materie beschäftigt, stößt im Laufe der Zeit auf genau diese Erkenntnis. In Matthäus 5:17-18 sagt Jesus: „Meint nicht, dass ich gekommen sei, das Gesetz oder die Propheten aufzulösen; ich bin nicht gekommen aufzulösen, sondern zu erfüllen. Denn wahrlich, ich sage euch: Bis der Himmel und die Erde vergehen, soll auch nicht ein Jota oder ein Strichlein von dem Gesetz vergehen, bis alles geschehen ist." Hier sehen wir eindeutig, dass der alte Himmel und die alte Erde an das alte Gesetz und damit den Alten Bund geknüpft waren. Damit alter Himmel und alte Erde vergehen konnten, musste also das Gesetz vergehen.

Als Jesus auf die Erde kam um für unsere Sünden zu sterben kam er nicht um das Gesetz und den Alten Bund abzuschaffen. Mit seinem Kommen auf den Wolken würde er jedoch genau dies tun. In Jesu Endzeitrede wird eindeutig aufgezeigt, dass beides, alte Himmel und alte Erde, im ersten Jahrhundert vergehen würden, und auch die Apostel sprechen immer wieder von diesem ihnen kurz bevorstehenden Ereignis. Als Bestätigung sehen wir in der Endzeitrede Jesu in Lukas 21:22 seine Worte: „Denn dies sind die Tage der Vergeltung, damit alles erfüllt werde, was geschrieben steht."

Diese Erkenntnis mag konträr zu dem stehen, was wir gelernt haben, jedoch sind Jesu Worte eindeutig und klar. Jesu Endzeitrede in ihrem Kontext und ihrer biblischen Bedeutung zu sehen, ist der Beginn einer Revolution des Glaubens vieler Christen. Mit der Zeit werden viele weitere Erkenntnisse kommen, und Stück für Stück füllt sich das Puzzle zu einem schlüssigen Bild, das vollkommen mit Jesu Worten übereinstimmt. Falls diese Erkenntnisse erschreckend sind, nur Mut. Das Beschneiden der Reben unseres Lebens ist immer etwas schmerzhaft, aber ein nötiger Prozess, um viel gute Frucht zu bringen (Johannes 15:1-2). Am Ende bringt die Wahrheit immer Freiheit.

Matthäus 24:37-39

„Wie es aber in den Tagen Noahs war, so wird es auch bei der Wiederkunft des Menschensohnes sein. Denn wie sie in den Tagen vor der Sintflut aßen und tranken, heirateten und verheirateten bis zu dem Tag, als Noah in die Arche ging, und nichts merkten, bis die Sintflut kam und sie alle hinwegnahm, so wird auch die Wiederkunft des Menschensohnes sein."

Ich möchte nur kurz auf diese Verse eingehen, da sie sehr umstritten sind. Viele Leute sehen in diesen Versen die Entrückung beschrieben.
Die Entrückung ist ein Ereignis an das viele Christen glauben. Laut ihnen kommt Jesus wieder und nimmt alle Gläubigen von der Erde und bringt sie in den Himmel. Der Rest der Menschheit bleibt auf der Erde zurück und ist einer schrecklichen Zeit unter dem Antichristen ausgesetzt.
Wer in diesen Versen die Entrückung sieht, schiebt automatisch die Ereignisse aus Matthäus 24 in die Zukunft, mit der Begründung die Entrückung sei noch nicht geschehen, also müssen die Ereignisse noch in unserer Zukunft liegen. Jedoch argumentieren selbst Leute mit fast identischen Ansichten, ob diese Verse die Entrückung beschreiben oder nicht.
Diese Verse werden mit der Entrückung in Verbindung gebracht, da sie besagen Menschen werden „hinweggenommen" werden bei Jesu Rückkehr. Lesen wir aber diese Verse ohne etwas hineinzuinterpretieren wird es offensichtlich, dass sie mit keinem Wort davon sprechen, dass Jesus die Christen von der Erde nimmt und in den Himmel bringt.
Aber was sagt Jesus seinen Jüngern in diesen Versen? Jesus zieht den Vergleich der kommenden Zeit zur Zeit Noahs. Die Menschen missachteten alle Zeichen, zu Noahs Zeit war es die riesige Arche die über viele Jahre gebaut wurde, und lebten weiter als würde nichts Ungewöhnliches geschehen. In der Zeit vor dem Ende

des Zeitalters soll es genauso sein. Die Menschen missachten alle Zeichen und alle Propheten, bis dann plötzlich das Ende über sie hereinbricht wie eine Flut.

Wichtig zu beachten ist der Unterschied wer bei der Flut und bei der Entrückung hinweggenommen wird und wer bleibt.

Bei der Entrückung sollen die Gläubigen hinweggenommen und in den Himmel gebracht werden. Die Ungläubigen bleiben zurück und werden einer schrecklichen Zeit auf der Erde ausgesetzt.

Zu Noahs Zeiten wurden jedoch nicht die Gläubigen hinweggenommen, sondern die Ungläubigen. Jesus macht dies mit seinen Worten sehr klar:

„Denn wie sie in den Tagen vor der Sintflut aßen und tranken … bis die Sintflut kam und sie alle hinwegnahm, so wird auch die Wiederkunft des Menschensohnes sein."

Der Kontext von Jesu Endzeitrede spricht vom Gericht über Jerusalem und auch sein Kommen auf den Wolken ist als Symbol für ein Gericht zu sehen. Dass Jesus nun einen Vergleich zu Noahs Flut zieht und die Jünger warnt, die Ungläubigen würden wie damals weggenommen werden, passt perfekt in den Kontext.

Zu der Zeit als Jesus auf den Wolken kam, also als das Gericht über Jerusalem anfing und die Stadt umzingelt wurde, starben unzählige Menschen durch Kriege, Seuchen und Hungersnöte. Die Christen jedoch wurden verschont. Wie in Vers 16 bereits besprochen flohen sie zur richtigen Zeit aus der Stadt in die Berge und erlebten so diese „Flut" nicht mit.

Bevor wir zum Ende unseres Diskurses von Jesu Endzeitrede kommen möchte ich auf etwas hinweisen, was Lukas im Parallelkapitel zu Matthäus 24 aufschreibt, Matthäus selbst jedoch vernachlässigt.

Lukas 21:11

„Am Himmel werden gewaltige Erscheinungen zu sehen sein."

Dies ist in meinen Augen kein kleines Detail. Wenn Jesus die Ereignisse seiner Endzeitrede ins erste Jahrhundert stellt, dann müssen auch diese gewaltigen Erscheinungen geschehen sein. Was haben Historiker zu berichten?

Josephus schreibt: „Es erschien ein Stern, gleich einem Schwert, welches über der Stadt stand und ein Komet, welcher ein ganzes Jahr lang schien" (frei übersetzt).

„Thus there was a star, resembling a sword, which stood over the city: and a comet, that continued a whole year." (Josephus, The Jewish War 6.5.3)

„… als die Menschen in großer Menge für das Fest der ungesäuerten Brote kamen, … schien in der Nacht ein so grelles Licht um den Altar und die heilige Stätte, dass es schien, als wäre helllichter Tag" (frei übersetzt).

„… when the people were come in great crouds to the feast of unleavened bread … at … night, so great a light shone round the altar, and the holy house, that it appeared to be bright day time." (Josephus, The Jewish War 6.5.3)

„… Ich vermute, der Bericht hiervon gliche einer Fabel; wäre er nicht mit denen verbunden, die es gesehen haben; und wären die folgenden Ereignisse nicht von solch nennenswerter Natur, dass sie solche Zeichen verdienten. Denn vor Sonnenuntergang wurden Streitwagen und Truppen von Soldaten in Rüstung mitten in den Wolken gesehen, wie sie durch die

Wolken rannten und die Städte umzingelten" (frei übersetzt).

„I suppose the account of it would seem to be a fable; were it not related by those that saw it; and were not the events that followed it of so considerable a nature as to deserve such signals. For, before sun setting, chariots and troops of soldiers in their armour were seen running about among the clouds, and surrounding of cities." (Josephus, The Jewish War 6.5.3)

„Außerdem, am Tag, den wir als Pfingsten bezeichnen, als die Priester in der Nacht in den inneren Hof des Tempels gingen … fühlten sie eine Erschütterung und hörten lauten Lärm und hiernach hörten sie eine Stimme wie von vielen Scharen sagen: ‚Lasst uns von hier fortgehen'" (frei übersetzt).

„Moreover, at that feast which we call Pentecost; as the priests were going by night into the inner [court of the] temple ... they felt a quaking, and heard a great noise: and after that they heard a sound, as of a multitude, saying, "Let us remove hence." (Josephus, The Jewish War 6.5.3).

Eusebius und Tacitus schreiben von den gleichen Ereignissen, Tacitus fügt jedoch noch Folgendes hinzu:

„Die Tore des Heiligtums wurden plötzlich aufgestoßen und eine übermenschliche Stimme schrie: ‚Die Götter reisen ab': Im gleichen Moment wurde das starke Rütteln ihrer Abreise gehört."

„Of a sudden the doors of the shrine opened and a superhuman voice cried: "The gods are departing": at the same moment the mighty stir of their going was heard." (Tacitus, Histories Book V, chapter 13)

Ein weiteres Ereignis ist dies:

„… über dem Allerheiligsten wurden während der ganzen Nacht die Umrisse des Gesichts eines Mannes gesehen, dessen Schönheit nie zuvor im ganzen Land gesichtet wurde. Seine Erscheinung war furchteinflößend" (frei übersetzt).

„… there was seen from above over the Holy of Holies for the whole night the outline of a man's face, the like of whose beauty had never been seen in all the land, and his appearance was quite awesome." (Sepher Yosippon, A Mediaeval History of Ancient Israel, Excerpts from Chapter 87 "Burning of the Temple")

Dies sind nur einige der Geschehnisse, die sich zur damaligen Zeit ereignet haben sollen. Es gibt Menschen, die diese Ereignisse anzweifeln, und es ist möglich, dass nicht alle von ihnen tatsächlich so eingetroffen sind wie beschrieben. Sehen wir uns aber Jesu Prophezeiung an, deutet alles darauf hin, dass diese Ereignisse die Erfüllung seiner Worte waren. Die Zerstörung des Tempels und die Abschaffung des Alten Bundes war für die Juden das erschütterndste Ereignis ihrer Geschichte. Zu einem solch bewegenden Ende sind Wunder und Zeichen wie die Genannten definitiv passend. Es handelt sich bei den Berichten auch nicht um eine einzige oder um nur christliche Quellen. Quellen verschiedenen Glaubens bezeugen, was geschehen ist.

Wenn du bis hier hin gelesen hast, dann wirst du garantiert über einige neue Informationen gestolpert sein. In der Zwischenzeit ist sicherlich auch vieles wieder in Vergessenheit geraten. Deshalb hier eine Zusammenfassung mit dem nächsten Vers, der dies alles in sich vereint und erneut klarstellt, dass die Worte aus Jesu Endzeitrede bereits im ersten Jahrhundert in Erfüllung gegangen sind.

Matthäus 24:34

„Wahrlich, ich sage euch: Diese Generation wird nicht vergehen, bis dies alles geschehen ist."

Jesus sagt dies in Matthäus 23:36 und 24:34. In der Bibel sehen wir, dass eine Generation meist 40 Jahre lang ist. Ein Beispiel hierfür sind die 40 Jahre Israels in der Wildnis. Wie wir bereits festgestellt haben, muss Jesus ganz klar von seiner eigenen Generation gesprochen haben, und das Wort Generation bedeutet auch wirklich Generation und nichts anderes. All diese Ereignisse spielten sich nun auch noch innerhalb von 40 Jahren ab. Wir sollten Jesu Worte nicht einfach abtun, falls wir anderes gelernt haben, sondern forschen, was genau er uns sagt und was dies für uns bedeutet.
Jesus hat klare Worte gesprochen, die in der damaligen Zeit und Kultur eindeutig waren, und geschichtlich ist gut belegt, was im ersten Jahrhundert geschah. Nach so einer Vielzahl an Belegen sollte es keine weiteren Zweifel an Jesu Worten geben, was nicht bedeutet, dass wir auf Anhieb alles verstehen. Mit diesen Erkenntnissen ändert sich für viele Christen ein Großteil ihres Glaubensfundamentes, wie bei mir damals. Jedoch bedeutet jeder Schritt in Richtung Wahrheit, dass wir Jesus mehr und mehr kennenlernen. Noch sind wir auch nicht durch mit unserer Reise durch das Matthäusevangelium.

Die folgende Grafik zeigt die Verse, die wir zusammen besprochen haben.

Was ist in dieser Generation alles geschehen?

Gericht sollte über die Israeliten kommen	Matthäus 23:36
Kein Stein des Tempels ist auf dem anderen geblieben	Matthäus 24:2
Das damalige Zeitalter nahm ein Ende	Matthäus 24:3
Viele falsche Messiasse sind gekommen und haben viele verführt	Matthäus 24:4-5
Die Jünger hörten von Kriegen und Kriegsgeschreien	Matthäus 24:6
Nation erhob sich gegen Nation und Königreich gegen Königreich	Matthäus 24:7
Hungersnöte und Seuchen herrschten in vielen Orten	Matthäus 24:7
Erdbeben traten in vielen Orten auf	Matthäus 24:7
Christen wurden verfolgt, gehasst von allen Nationen und getötet	Matthäus 24:9
Viele falsche Propheten sind erschienen und haben viele Leute verführt	Matthäus 24:11
Das Evangelium wurde auf der gesamten Welt verkündet	Matthäus 24:14
Das Gräuel, welches Verwüstung anrichtet, trat auf	Matthäus 24:15
Die Christen in Judäa flohen in die Berge	Matthäus 24:16
Betet, dass ihr nicht am Sabbat fliehen müsst	Matthäus 24:20
Es gab eine Schreckenszeit wie nie zuvor und nie wieder	Matthäus 24:21
Sonne und Mond verfinsterten sich und die Sterne fielen vom Himmel	Matthäus 24:29
Jesus kam auf den Wolken um Gericht über die Israeliten zu halten	Matthäus 24:30
Himmel und Erde sind vergangen (der Tempel)	Matthäus 24:35
Es war wie zu Zeiten Noahs	Matthäus 24:37
Am Himmel waren gewaltige Erscheinungen zu sehen	Lukas 21:11

Die Verse nach Matthäus 24:34

Auf die Verse 35 und 37-39 sind wir bereits eingegangen und haben gesehen, dass alles, was Jesus hier prophezeite, auch noch während seiner eigenen Generation eintraf. Was ist aber nun mit den restlichen Versen nach Matthäus 24:34? Viele Christen setzen das komplette Kapitel in unsere Zukunft. Es gibt jedoch auch viele Leute, die spätestens nach Vers 34 einen Strich ziehen. Ihre Ansicht ist diese: Alles, was bis Vers 34 gesagt wurde, traf im ersten Jahrhundert ein, jedoch spricht Jesus ab Vers 35 über die weit entfernte Zukunft. Eine gute Begründung kann niemand für diese Aussage liefern, schließlich spricht Jesus einfach weiter und es gibt kein Anzeichen dafür, dass er nicht mehr vom gleichen Thema redet. Im Gegenteil. Er spricht erneut von seinem Kommen, das er vorher schon erwähnte, und zieht einen Vergleich zu der Zeit von Noahs Flut. Dann erzählt er seinen Jüngern ein Gleichnis, in dem es auch um sein Kommen geht. Wieso sollte er hier plötzlich von einem anderen Kommen sprechen als zuvor, ohne die Jünger darauf hinzuweisen?

Vers 36 wird gern zitiert, um zu zeigen, dass wir doch gar nicht wissen können, ob Jesu Worte bereits im ersten Jahrhundert in Erfüllung gegangen sind. Dabei scheinen Vertreter dieser Ansicht jedoch den Vers nicht wirklich gelesen zu haben. „Doch wann jener Tag und jene Stunde sein werden, weiß niemand, auch nicht die Engel im Himmel, noch nicht einmal der Sohn; nur der Vater weiß es" (Matthäus 24:36). Den Tag und die Stunde weiß niemand, aber was ist mit der Generation? Jesus sagte seinen Jüngern ganz klar, dass diese Dinge noch während seiner Generation eintreten würden. Niemand konnte nun den genauen Tag oder die Stunde wissen, aber ihnen war klar, es würde innerhalb der nächsten 40 Jahre geschehen. Dass die Apostel immer und immer wieder von ihnen kurz bevorstehenden Ereignissen schrieben, bestätigt diese Aussage.

Wichtig zu wissen ist, dass Jesus hier bereits „Hochzeitssprache" benutzt. Im alten Judentum haben sich ein Mann und eine Frau verlobt, jedoch ging der Mann erst wieder zu seinem Vater, um dort das Haus zu erweitern. Erst wenn der Vater alles für bereit hielt, durfte der Sohn gehen und seine Braut holen, vorher wusste niemand, wann genau der Vater den Sohn senden würde. Genauso ist es mit Gott und Jesus. Durch dieses Beispiel wird erneut deutlich, wie wichtig es ist, die damalige jüdische Kultur zu kennen, um die Bibel richtig verstehen zu können.

In Matthäus 25 hält Jesus immer noch die gleiche Rede und es gibt kein Anzeichen dafür, dass er das Thema gewechselt hat. Im Gegenteil. Er sagt: „Zu der Zeit wird das Königreich Gottes sein wie ..." Hiermit zieht er eine direkte Verbindung zu seinen vorherigen Aussagen. Außerdem spricht er weiter von seinem Kommen und warnt die Jünger, wachsam zu sein. Matthäus 25 ist voll von Hochzeitssprache, die wir verstehen müssen, wenn wir die ganze Botschaft aus diesem Kapitel erkennen wollen. Für den Moment jedoch ist nur wichtig, dass wir erkennen, dass die Prophezeiungen nach Vers 34 ebenso in Jesu Generation in Erfüllung gehen sollen.

Abschließende Bemerkungen

Wie hat sich meine Perspektive geändert, als ich erkannte, was Jesus wirklich gesagt hat?

Vorher	Nachher
Kommt bald **das Ende der Welt**?	Das **damalige Zeitalter** nahm ein Ende!
Weltweite **Schreckenszeit** Zukunft?	Die Schreckenszeit ist **längst vorbei**!
Jesus kommt **zu mir** in die Welt?	Jesus kommt **durch mich** in die Welt!
Ich warte auf Jesus.	Jesus **wartet auf mich Licht und Salz zu sein**!
Die Welt wird immer **schlimmer**?	Wir werden die Welt **verändern**!

Wenn die Prophetien von Jesus aus Matthäus 24 wirklich in seine eigene Generation fallen und dies sogar gut zu belegen ist, was steht uns dann noch bevor? Wenn wir nicht auf die Endzeit warten, worauf warten wir dann?

Nachdem ich mich mit den biblischen Endzeittexten und der jüdischen Geschichte befasst hatte, entstand in mir eine ungewohnte Leere. Was nun? Mein ganzes Leben habe ich darauf gewartet, dass Jesus wiederkommt und mich von dieser Erde nimmt. Ich stand vor einem Dilemma.

Zum Glück hat Jesus uns gesagt, was heutzutage passiert. Daniel 2:44 zeigt auf, wie Gott ein niemals endendes Königreich errichten wird, und in Lukas 11:20 sagt uns Jesus: Dieses Königreich Gottes ist auf uns gekommen. Womit er klarstellt: Bereits damals fing sein niemals endendes Reich an. In den folgenden Versen erklärt uns Jesus, wie nun sein Reich wächst.

„Mit Gottes Reich ist es wie mit einem Senfkorn … Es ist zwar das kleinste von allen Samenkörnern, aber wenn es aufgeht und wächst, wird es größer als andere Sträucher. Ja, es wird zu einem Baum, auf den die Vögel fliegen, um in seinen Zweigen ihre Nester zu bauen." Matthäus 13:31-32

„Man kann Gottes himmlisches Reich mit einem Sauerteig vergleichen, den eine Frau zum Brotbacken nimmt. Obwohl sie nur wenig davon unter eine große Menge Mehl mischt, ist am Ende alles durchsäuert." Matthäus 13:33

Außerdem haben wir am Ende der Offenbarung noch das offene Versprechen von Gott: „Siehe, ich mache alles neu!". Bisher ist dies nicht geschehen. So, wie das Reich Gottes wächst, so wird auch alles Stück für Stück neu gemacht.

Jesus sagt uns, dass in dieser Zeit das Reich Gottes wächst und wächst, bis es „den ganzen Teig durchsäuert hat". Wenn wir den Unterschied von den damaligen zwölf Jüngern zu den Milliarden Jüngern heute sehen, wird klar, dass ein enormes Wachstum bereits stattgefunden hat. Das Evangelium wird sich also weiterverbreiten, bis die gesamte Welt eingenommen ist.
Es ist an der Zeit, die Augen weg von einer schrecklichen Zukunft und hin zu einer Zukunft im Sieg zu richten. Jesus hat den Teufel, die Mächte und Gewalten entwaffnet (Kolosser 2:15) und in Johannes

12:32 versprochen, dass er *alles* zu sich zieht. Wir dürfen eine Zukunft voll Liebe und Begeisterung erwarten. Wir können langfristig planen, Kinder und Enkelkinder bekommen, ohne Angst haben zu müssen, dass sie sowieso nur ihr Leben lang leiden werden. Wir können uns als Christen in die Politik einmischen und die gesamte Welt auf den Kopf stellen, genau wie Jesus es vor 2000 Jahren zu tun begann. Wir können unsere Träume leben, Firmen mit christlichen Werten gründen und voller Hoffnung unser Leben leben, dass Jesus, der Retter der Welt, alles besser machen wird. Wie unser Schöpfer-Gott es sich für Adam und Eva ausgedacht hat, können wir die Erde besiedeln und großartige Dinge kreieren. Durch Jesus können wir Leben verändern. Jesus hat den Tod besiegt, für unsere Schuld bezahlt und uns mit dem Heiligen Geist ausgestattet. Wenn wir voller Zuversicht, dass durch Jesus die Welt stets besser wird, Schritte gehen, werden wir nach und nach gute Früchte erkennen. Es ist an der Zeit aufzuhören, auf Jesus zu warten, die Kirchengebäude zu verlassen, sich des Sieges Christi bewusst zu werden und sein Reich zu verkünden.

Welch eine radikale Veränderung würde die Welt erleben, wenn die 2,3 Milliarden Christen (über 30 % der Menschheit) auf unserem Planeten plötzlich mit einer Perspektive des Erfolgs auf die Zukunft schauen und sehen: Christus ist Herrscher dieser Welt, Satan ist längst entmachtet und wir regieren nun. „Macht Jünger", sagte Jesus. Also los. Sieh auf eine Zukunft, in der Gottes Reich beständig wächst, die Dinge Stück für Stück besser werden und am Ende alles gut wird. Selbst wenn sich die Welt noch sträubt und viel Hass und Zorn herrscht, so sind wir „mehr als Überwinder in Christus".

Bitte beachtet, dass wir nur durch einen Teil des Matthäusevangeliums gegangen sind. Es gibt noch weitere Übereinstimmungen der Bibel und der damaligen Zeit. Die Apostel schreiben immer wieder, als lebten sie damals bereits in der Endzeit, und die Offenbarung haben wir noch nicht einmal angefasst.

Ob ihr euch nun der Sichtweise des Präterismus anschließt, sie komplett abstoßt oder euch weiter damit beschäftigt: Betet und prüft alles, der Heilige Geist wird uns in alle Wahrheit leiten.

Wer sich zu diesem Thema weiter informieren möchte, der kann den Youtube-Kanal „Simple Endzeit" oder die gleichnamige Facebook-Seite besuchen. Hier klären wir Fragen rund um das Thema Endzeit und weitere Themen. Außerdem empfehle ich Videos und Bücher von Bruno Zimmerli, Jonathan Welton, Gary Demar, Kenneth Gentry und Don K. Preston. Auch wenn wir uns nicht in allem einig sind, so haben mich die Werke dieser Menschen sehr viel weitergebracht und ich bin froh, sie weiterempfehlen zu können.

#SpreadLove